愛知学院大学文学会叢書 1

現代社会と スピリチュアリティ

現代人の宗教意識の社会学的探究

伊藤 雅之

溪水社

はじめに

　「エッ、あれって、宗教なんですか……」。宗教社会学を専門にしていると、多くの人たちからしばしばたずねられる質問がある。それは、自分のまわりにある何らかの活動や団体が宗教なのかどうかについてだ。冒頭の反応は、私が「それは広い意味での宗教です」と答えた際によく聞くもので、ほぼ100％がっかりした反応である。特に、自分や友人が参加したことのある、セミナーやワークショップが宗教と関係すると知ると、「本当にそうなんですか……」と、何かとんでもないものにかかわってしまったかのような落胆をする場合がほとんどだ。私は中立的に「宗教」という語を使っているつもりであり、それがかならずしも悪い意味合いのないことを丁寧に説明しようとする。だが、相手は「○○は宗教です」という私の言葉に衝撃を受け、その後の説明を聞いてもらえないこともしばしばある。
　大学の授業で宗教を扱う場合には、宗教の否定的なイメージを一旦カッコに括ってもらうことからはじめている。そのため、最初の数回の講義においては、人々が宗教と聞いて思い浮かべる「うさん臭いもの」「弱い人が入るもの」「一生かかわらないもの」といったおもに組織宗教に起因するイメージに当てはまらない、自分たちと宗教とのかかわりを説明する。日本においてであれば、初詣やお盆のお墓参りや葬式など大半の日本人が参加している慣習、また儒教の影響を受けた年功序列などの道徳観、さらに茶道、華道、柔道など「道」のつく言葉に多くみられる精神性の向上にかかわる実践──これらも広義の宗教と考えてよいことを講義する。すると、学生は少しだけ宗教のネガティブなイメージを払拭するようだ。このように、社会学が扱う宗教の対象は幅広く、私たちの生活や考え方・感じ方にも深く影響する文化現象なのである。
　だが、宗教にネガティブなイメージをもつのは、実は人々が宗教のことをよく知らないからだけではない。特定の新宗教を信仰している人や仏教・

キリスト教などの制度宗教の諸活動に熱心に参加している人たちのなかにも、自分たちの実践を「宗教」として扱われることに違和感をもつ人が少なくない。宗教というと、それが新宗教であろうと伝統宗教だろうと、人々を拘束し、特定の教えを押しつけ、その信者はそれに従順に追随している、といった見方が広がっているようだ。もちろん、宗教に対するこのような捉え方はきわめて一面的ではある。しかし、現代社会における宗教に対するイメージは、宗教にあまり関心がない人のみでなく、深くかかわる人々にとっても悪くなっているといえるかもしれない。

こうした「宗教」という言葉に対して、ある種の嫌悪感をもつ人々が増えているのは日本にかぎった現象ではない。たとえば、アメリカやイギリスでは、過去20年以上の間に「宗教」の代わりに「スピリチュアリティ」の語がしばしば用いられるようになってきている。「私は宗教的じゃないけど、スピリチュアルではあるかな」とか、「自分は宗教には興味ないが、スピリチュアルな人間にはなりたいと思っている」などと言う人たちが増えているのだ。また、この語を使った団体やワークショップや書籍も多くなっている。日本ではまだ、「スピリチュアリティ」やその訳語である「霊性」の語が一般社会にそれほど浸透しているわけではない。しかし、いわゆる宗教への否定的なイメージをもちつつも、人間の精神やこころや意識にかかわる何らかのものは大切にしたいと考えている人々は少なくない。社会学者は宗教を広義に理解するので、そのなかに一般用語である「宗教」と「スピリチュアリティ」の両者が含まれる。しかし、現代人のなかに、従来の「宗教」とは異なる何かを探し求め、それを「スピリチュアリティ」と表現しているのは、興味深い現象であるといえよう。

ここでスピリチュアリティのおおまかな特徴をまとめておこう。「スピリチュアリティ」の語は、おもに個々人の体験に焦点をおき、当事者が何らかの手の届かない不可知、不可視の存在（たとえば、大自然、宇宙、内なる神／自己意識、特別な人間など）と神秘的なつながりを得て、非日常的な体験をしたり、自己が高められるという感覚をもったりすることを指す。たとえば、ある人が「私はスピリチュアルだが、宗教的ではない」と表明

した場合、上記のような経験は人生において大切だと思い、あるいは体験したこともあるが、宗教という制度的な拘束は好ましく思わない態度を示している。もっと単純な例を挙げると、「富士山ってスピリチュアルな場所だね」とは、「富士山という自然環境が、自分に神秘的な感覚をもたらしてくれる」という意味だろう。

　このように、「スピリチュアリティ」の語は、担い手自身の語りのなかに使用されることが多い。また、研究者が使う場合でも、広義の宗教を実践する主体に着目し、その当事者の経験を表すときに用いられる。もちろん、この語は多面的な特徴をもつし、それを使う当事者によっても意味合いは異なるだろう。しかし、おおよその特徴は前述したとおりである。従来は宗教制度の内部で体験されていたこうしたスピリチュアリティが、現代社会では、この枠組みから溢れでるようにして広がり、個々人がさまざまな場面でそれを体験したり、語ったり、求めたりできるようになったことが特徴的であると私は考えている。

　本書では、先進資本主義諸国を中心として世界的に広がりつつある、人々のスピリチュアリティへの関心に焦点をおきながら、現代社会とそこで生活する人々の社会意識を理解する手がかりを得ることをねらいとしている。本書が対象としている現象の担い手たちは、スピリチュアリティにかかわる何らかの実践を試みている場合が多い。1章で扱うニューエイジや「精神世界」と呼ばれる宗教文化に関心をもつ人たちの多くは、自分は「スピリチュアルだが宗教的ではない」と捉えている。2章の現代イギリスの宗教性の展開においても、「新しいスピリチュアリティ」が重要なテーマの1つとなってきている。第II部（4章から6章）で取り上げる和尚ラジニーシ・ムーブメントの当事者たちは、「スピリチュアル」という語をしばしば使う。反対に、自分たちの実践を「宗教」として扱われることを嫌う傾向がある。こうした実情を考慮して、本書のタイトルにおいては、「宗教」や「霊性」よりも適切な語彙として「スピリチュアリティ」を用いることにした。なお、本書では、（たとえば「道徳性」が「道徳のあり方」を指すように）「宗教性」は「宗教のあり方」を意味するものとする（より詳しくは、

本書8章2節を参照)。また、この本が対象とする現代社会とは、1960年後半以降の先進資本主義諸国、とりわけ1980年代以降の日本、アメリカ、イギリスを念頭においている。

　本書は、Ⅰ部が理論編、Ⅱ部が実践編、Ⅲ部が応用編という構成になっている。第Ⅰ部では、現在の宗教社会学においてきわめて重要な3つのテーマ、すなわち、ニューエイジの生成と発展、世俗化論争、および入信プロセスを取り上げ、具体的データをできるだけ用いつつ、研究対象への理論的アプローチを試みる。第Ⅱ部では、和尚ラジニーシ・ムーブメントを事例対象として、その実践形態の歴史的変遷や担い手たちの入信プロセスを究明する。第Ⅲ部は、宗教制度では括りにくい現代的なスピリチュアリティを把握するための1つの試みを、最近社会現象にまでなっている「ネット恋愛」に対して行う。また、新しいスピリチュアリティ研究の理論的枠組みを最終章で提示したい。この枠組みは、本書全体にも関連する問題意識だが、今後の課題も多いため、本書の冒頭でなく最後に位置づけた。

　以上の構成になってはいるものの、読者の興味に従って好きなところから読んでいただければと思う。現代の宗教状況の見取り図をまず知りたい読者は、8章「宗教・宗教性・スピリチュアリティ——21世紀の宗教社会学への提言」をはじめに読んでいただければ本書が対象とする現象の輪郭がつかめるはずだ。理論よりも実践面により関心のある人たちは、1章の1節に目を通してから4章以降の事例研究を読んでいただくとよいだろう。5章「宗教の暴力性——信者の心が揺れるとき」では、宗教に傾倒することの危うさを、逆に6章「イニシエーション前後の価値観の変化——当事者への聞き取り調査から」では、宗教に向かう人々の誠実さや真剣な取り組みに焦点をおいたつもりである。これらの章からスピリチュアリティの両面を理解いただければと思う。また、宗教やスピリチュアリティといわれてもピンとこない読者は、まず7章の「ネット恋愛のスピリチュアリティ」を読んでもらいたい。ネット恋愛をしたことがない人でも、携帯でのメール交換と実際に人に接したときでは、人と人とのつながり方がかなり違うことを体験しているはずだ。携帯メールのやりとりに近い感覚が、スピリ

チュアリティにはあることを認識していただければ、残りの章も当初ほど違和感をもたずに読み進むことができると思う。この本では、現代の宗教文化の（ときには相矛盾する）多元的な特徴を描こうとしている。本書を通じて、スピリチュアリティへの関心が広がる現代社会への理解を少しでも深めていただければと願っている。

目　次

はじめに　i

Ⅰ部　現代宗教への理論的アプローチ

1章　現代のスピリチュアリティ文化……………………………… *3*
　　　──「精神世界」とニューエイジを中心として──
　　1　「精神世界」の生成と発展　*3*
　　2　「ニューエイジ」概念の対象領域　*8*
　　3　ニューエイジの3つの構成要素　*12*
　　　　　世界観／実践形態／担い手の意識
　　4　世界観の2つの局面──究極のリアリティとそこに至る手段──　*14*
　　　　　ニューエイジは功利主義的か／ニューエイジの新しさ
　　5　日本の「精神世界」研究の課題　*19*

2章　世俗化論のゆくえ ……………………………………………… *22*
　　　──現代イギリスの宗教状況を手がかりとして──
　　1　近代化と宗教　*22*
　　2　イギリスにおける世俗化論争　*23*
　　　　　世俗化論の否定派／世俗化論の肯定派・中立派／世俗化論争への見解
　　3　1980年代以降の宗教性の動向　*32*
　　　　　ニューエイジの展開／新しいスピリチュアリティの特質
　　4　世俗社会における宗教性　*38*

3章　入信の社会学 …………………………………………………… *39*
　　　──当事者の価値観の持続と変容をめぐって──
　　1　欧米と日本における入信研究　*39*
　　2　入信の社会学の対象と2つのパラダイム　*41*
　　　　　社会学的入信研究の対象／伝統的パラダイムと新しいパラダイム／
　　　　　2つのパラダイムの比較
　　3　ロフランド＝スターク・モデル　*48*
　　　　　L-Sモデルの概観／L-Sモデルの評価

vii

    4 新しいモデルをめざして　53
        7つの条件の必要不可欠性、および累積性に関する問題／信者の意味・解釈世界に対するアプローチの問題／7つの条件には含まれていない要因をめぐる問題
    5 現代社会における入信モデル　58

II部　フィールドへの接近
——和尚ラジニーシ・ムーブメントの事例——

4章　和尚ラジニーシ・ムーブメントの歴史的展開 …… 63
——制度化と脱制度化を軸として——
    1 ニューエイジと反ニューエイジの連続性　63
    2 ラジニーシの世界観　65
    3 具体的アプローチ——瞑想とグループ・セラピー——　67
    4 ORMの担い手の特徴　69
    5 ORMの実践形態の歴史的変遷　70
        初期（1973年以前）——思想家からグルとしてのラジニーシへ／第1プーナ期（1974-1981）——アシュラムの形成と制度化の進展／オレゴン期（1982-1985）——ORMの組織宗教への変貌／第2プーナ期（1986-1989）——脱制度化とゆるやかなネットワーク／ポスト・ラジニーシ期（1990-現在）——クライエント・カルトとしての発展
    6 ニューエイジの理想と現実のはざまで　83

5章　宗教の暴力性 ………………………………… 87
——信者の心が揺れるとき——
    1 脱会しない信者へのアプローチ　87
    2 ORMのオレゴン期の状況説明　89
    3 ラジニーシへの信頼を支える2つの理由　92
        光明を得たラジニーシの存在／自己変容の重視、あるいは他者への無関心
    4 宗教的解釈のあり方の特質　97
        ユートピア社会が幻想と化したとき／ラジニーシの隠された意図を探して／スピリチュアル化が行われないとき

     5　世俗と宗教世界を分ける解釈のあり方　*103*

6章　イニシエーション前後の価値観の変化 ……………… *106*
　　　──当事者への聞き取り調査から──
　1　当事者の内面世界へのアプローチ　*106*
　2　入信プロセスⅠ──背景的な状況──　*109*
　　　　悩み／パースペクティブ／探求行為
　3　入信プロセスⅡ──状況的な要因──　*116*
　　　　本との出会いと人生の転機／メンバーおよびラジニーシとの関係／
　　　　信者以外との人間関係／徹底した相互交流と意識変容の体験
　4　ORMメンバーの特異性と今後の課題　*125*

Ⅲ部　新しいスピリチュアリティ研究へむけて

7章　ネット恋愛のスピリチュアリティ ……………… *129*
　　　──オンライン上の「特別な存在」との交感をめぐって──
　1　「本当の自分」を理解してくれる存在　*129*
　2　ネット恋愛にみる新しい〈つながり〉のかたち　*131*
　　　　疑似宗教としての恋愛ブーム／ネット恋愛とは何か／出会い系サイト
　　　　の実態
　3　ネットのむこう側にいる神　*136*
　　　　ネット恋愛の事例／オンライン上での会話／急激な親密性が形成され
　　　　るメカニズム
　4　ネット恋愛と宗教における「特別な存在」　*144*
　　　　ネット恋愛と宗教の共通項／ネット恋愛と宗教の相違
　5　ふたたび日常へ、あるいは新たな神を探して　*148*

8章　宗教・宗教性・スピリチュアリティ ……………… *151*
　　　──21世紀の宗教社会学への提言──
　1　宗教社会学の現在　*151*
　2　現代宗教の変容
　　　──宗教から宗教・宗教性・スピリチュアリティへ──　*153*

3　現代宗教へのアプローチ　*156*
　　　　　　社会の宗教的次元へのアプローチ／制度宗教から文化資源としての宗教研究へ／当事者の選択性・能動性——「道具箱」としての宗教
　　4　コンテクストとしてのグローバル化　*162*
　　　　　　社会・文化的な統合と差異化／宗教の脱−埋め込み
　　5　現代社会の宗教性・スピリチュアリティ研究にむけて　*165*

あとがき　*171*
文献リスト　*177*
項目索引　*187*
人名索引　*191*

現代社会とスピリチュアリティ
―― 現代人の宗教意識の社会学的探究 ――

Ⅰ部
現代宗教への理論的アプローチ

1章　現代のスピリチュアリティ文化
——「精神世界」とニューエイジを中心として——

　本章の目的は、欧米でニューエイジ、日本で「精神世界」として一般に知られている現代的な宗教文化を理解するために、その関連概念を整理し、今後の理論的・実証的研究にむけての足がかりをつくることである。この章では、まずニューエイジと呼ばれる現象の対象領域を明らかにし、つぎにその概念を3つの独立する構成要素、すなわち、世界観／実践形態／担い手に分類することを提案したい。そのなかでも特に、ニューエイジの世界観に関して詳しく論じていく。

1　「精神世界」の生成と発展

　現在、日本の大型書店では、「宗教」セクションに隣接して「精神世界」の本のコーナーが設置されていることが多い。「精神世界」の語が一般に広がるきっかけとなったのは、1978年6月に東京・新宿の紀伊國屋書店で「〈瞑想の世界〉特集・精神世界の本」というブックフェアが開催されたことである。その後、人間の精神性／スピリチュアリティにかかわる宗教や哲学や心理学の本の一部をまとめたブックフェアが各地で開催され、80年代前半には「精神世界」セクションが多くの書店で常設されるようになった。

　今日では、この「精神世界」セクションも多様化し、書店によってはより細かく区分されていたり、別の名前が付いていたりすることもある。しかし、そのジャンルに含まれる書物にはかなりの共通性がある。このコーナーには、ヒーリング（癒し）、東洋医学、気功、輪廻転生、瞑想、チャネリング（地球外知的生命とのメッセージ交流）、臨死体験など多種多様な分野の本が並んでいる。また、和尚ラジニーシ、クリシュナムルティ、

グルジェフ、ラム・ダスといった現代的なグル（精神的な指導者）の本や、ネイティブ・アメリカン、神智学、人智学など伝統宗教や新宗教には通常含まれない神秘主義や人類の知恵にかかわる文献がこのコーナーには置かれている。「精神世界」に代表されるような現代的な宗教文化は、1980年代前半から顕著になり、その後も社会へ着実に浸透して現在に至っている。

日本で「精神世界」と呼ばれる現象は、欧米、とりわけアメリカで70年代以降に広がったニューエイジに大きな影響を受けている。ニューエイジは、60年代に欧米の若者の間で広まった対抗文化（現状の社会体制や価値・規範に異議申し立てをする社会・文化運動）、そのなかでも人間に内在するスピリチュアルなものを重視し、「意識変容が社会変革につながる」と主張する人々がその源流の１つであるとされる。ドラッグによる意識変容の試みや、若者たちによる（たとえば、性の解放をめざす）実験的な共同体などはその後のニューエイジに発展していったと考えてよいだろう。また、ニューエイジにはヒンドゥー教、仏教といった東洋思想の影響も強くみられる。社会学者のマリンズは、「精神世界」に代表される宗教現象は、この10数年の間に欧米の対抗文化の影響を受けた新しいサブ・カルチャーが現代日本社会に導入され、定着した表れであると捉えている（Mullins 1992）。

この新しい宗教文化の日本での広がりは、本の購買数や各種の活動状況などからみてもきわめて大きいことが分かる。日本のニューエイジ関連のおもな動向をまとめたのが表１である。

1970年代後半に「精神世界」の語がはじめて使われてから、このジャンルは徐々に社会的な広がりを見せるようになる。まず80年代前半の段階で、大型書店に「精神世界」の本のコーナーが確立する。それに呼応して、このジャンルにふさわしい本の翻訳や執筆が増える。また、欧米にかぎらず、伝統仏教や新宗教に括られにくい日本の神秘主義が再発見され、「精神世界」の一部として位置づけられるようになる。

90年代前半以降には、「精神世界」をまとめたブックガイドが出版されるようになり、それに対する固有の読者が定着する。たとえば、『新しい自分を探す本　精神世界入門ブックガイド500』（ブッククラブ回編、フット

表1　日本におけるニューエイジの動向

1) **書籍**
- 『アウト・オン・ア・リム』アメリカの人気女優、シャーリー・マクレーン著。輪廻転生やチャネラー（霊媒）との出会い、UFOや占いについて自身の体験をもとにまとめている。1980年にアメリカでベストセラーとなる。86年に翻訳が出版され、33万部発行。
- 『聖なる予言』ジェームス・レッドフィールド著。ペルーで発見された古代マヤ文明に由来する10の知恵を記した写本を主人公が探し求め、その過程でニューエイジ的世界観に目覚めていく物語。原作は1993年刊行、538万部。翻訳は約100万部。
- 船井幸雄の本　シンクタンク会社、船井総合研究所の会長による一連の著作であり、ニューエイジに関連するメッセージを多く含む。はじめはビジネスマンが読者だったが、次第に主婦や教師も読むようになる。平均で10万部。
- 和尚ラジニーシの本　ラジニーシの講話録は60冊以上が翻訳されている。彼のベストセラー『存在の詩（うた）』（77年邦訳）は5万部以上売れ、そのほかの本も初版の3000部を購買する読者をもつ。

2) **ドキュメンタリー・フィルム**
- 「地球交響曲／ガイアシンフォニー」第1番（92年）〜第4番（01年）龍村仁（たつむらじん）監督。「もし母なる星地球が本当に生きている一つの生命体であるとするなら、われわれ人類は、その"心"にどんな未来を描くかによって、現実の地球の未来が決まってくる」をテーマにして、宇宙飛行士や動物保護運動家やダライ・ラマ14世など多彩な顔ぶれが毎回登場するドキュメンタリー。一般の映画館では上映されなかったが、エコロジー、「精神世界」に関心をもつ人たちのボランティアのグループが各地で動きだし、公民館などでの自主上映という形で全国に広がる。現在までに4500か所以上で上映され、175万人以上を動員している。

3) **団体やワークショップ**
- 日本トランスパーソナル学会　96年発足、会員数250名。
- ホリスティック医学協会　86年に設立、会員数1500名。
- フィリ・フェスティバル　ニューエイジ系雑誌『フィリ』がブックフェアとセラピーのワークショップを運営する。96年には約8000人、97年には1万人を超える人々が東京で開催された3日間のイベントに参加した。

4) **ニューエイジ専門書店**
- ブッククラブ回　東京の南青山にあるニューエイジ専門書店。1万冊を常設し、会員制度の登録者は約2500名。

I部　現代宗教への理論的アプローチ

地球交響曲第1番のチラシ

フィリ・フェスティバルの広告

ブッククラブ回の店内

ワーク出版、92年)や『ニュー・エイジの600冊』(元山茂樹・宝島編集部編、宝島社、93年)など、このジャンルをかなり網羅した本も複数出版される。また、各種のニューエイジ系のセラピーが日本で開催され、ニューエイジが書物からの知識としてのみでなく、たとえば体を動かす気づきのワークショップなどを通じて知られるようになっていく。日本で多数の受講者がいる自己啓発セミナーは、ニューエイジの典型とはいえないかもしれないが、その一部として位置づけてもよいだろう(小池 1998)。

　数千部以上の発行部数のあるニューエイジ系の専門誌が定期刊行物となり、固定の読者をもつようになるのは90年代中頃以降のことである。それとともに、ヒーリングや気づき、自分探しなどをキーワードとする書物やセミナーやワークショップが社会一般へさらに広く浸透するようになる。この頃には、「ヒーリング／癒し」の語が、ニューエイジのみでなく、医療やその他の分野においても頻繁に使われるようになっていく(弓山 1996)。そして現在では、ニューエイジとニューエイジでないものとの境界線を引くことも難しくなってきている。というのも、「地球交響曲／ガイアシンフォニー」の自主上映の活動は、ニューエイジという言葉も知らない者や特定の宗派に属する人々も含む幅広い層の支援によって成り立っているし(大谷 2002；弓山 2002)、アロマセラピーやリフレクソロジー、気功、風水などは、ニューエイジという枠をこえて、きわめて多くの人たちに実践されているからだ。

　欧米では、80年代後半からニューエイジに関する研究が行われてきている。日本においては、94年に芳賀・弓山が『祈る ふれあう 感じる』(IPC)、96年に島薗が『精神世界のゆくえ』(東京堂出版)を出版し、欧米のみならず日本においても発展するグローバルな宗教文化の詳細が明らかになりつつある。しかし、ニューエイジ研究は未だ発展途上の領域であり、さまざまな課題が残されている。本章では、まず、「ニューエイジ」と呼ばれる現象がどのような関心から概念化されたものなのか、そしてその対象領域の特徴を明らかにする。つぎに、その概念を3つの独立する構成要素、すなわち、1) 世界観、2) 実践形態、3) 担い手に分類することを提

案し、それぞれの構成要素の特徴をまとめる。そして、世界観に関しては詳しく論じ、それが従来の欧米や日本の宗教文化と比べて、どのような点で新しいのかを考察したい。なお、本章では、日本の「精神世界」、欧米のニューエイジを含む宗教文化をまとめて「ニューエイジ」と表記する。

2 「ニューエイジ」概念の対象領域

まず、ニューエイジは何を対象とし、どのような問題関心から提出された概念なのかを整理したい。本節では、ニューエイジに関して質の高い議論を展開している3人の研究者の概念を手がかりとする。それらは、ヒーラスの「ニューエイジ運動 (New Age Movement)」(Heelas 1992, 1996)、ベックフォードの「新しい宗教／ヒーリング運動 (New Religious and Healing Movements)」(Beckford 1984, 1985)、および島薗の「新霊性運動＝文化」(1992, 1996) である。

はじめに、ヒーラスの「ニューエイジ運動」を検討する。ヒーラスの概念化の出発点は、1970年代以降、欧米において増加する「ニューエイジャー (New Agers)」と呼ばれる人たちの存在であった。ヒーラスは「ニューエイジャー」を「自己の内部や自然の秩序全体に潜んでいる内的なスピリチュアリティこそが、人生の間違ったすべてのものを正しいものへと変えていく鍵になる、と主張する人々」(1996:16) と規定する。そして、彼らの活動、産物の総体を「ニューエイジ運動」として概念化した。つまり、ヒーラスの対象は、組織性を備えた特定の宗教運動のみでなく、各種のワークショップやセミナー、またニューエイジ・ショップまでを包括する総体である。

ヒーラスは、ニューエイジ運動の特質を理解するキーワードを「自己のスピリチュアリティ (Self-spirituality)」にあるとし、その教えの本質は、社会や文化によって抑圧され、見失ってしまった本来の自己を、瞑想やセラピーなどの技法により取り戻すことであると捉えた (1996:18-20)。そして、その世界観が生成、維持される具体的な形態はネットワーク的である

と指摘している。

　ヒーラスの概念化においては、現代社会の宗教性を理解しようという着眼点がはっきりとうかがえる。しかし、彼が提供する事例はアメリカとイギリスの状況に関するものがほとんどである。そのため、ニューエイジ運動をグローバルな文脈においてどのように把握できるかという視点は弱く、日本の「精神世界」を理解する手がかりは乏しい面もある。

　つぎに、ベックフォードの「新しい宗教／ヒーリング運動（以下NRHMsとする）」を概観したい。彼がNRHMsを概念として提出する出発点となったのは、従来の社会学的な新宗教運動研究への深い反省である。ベックフォードによれば、これまで対象となった新宗教は、統一教会 (注1) やクリシュナ意識国際協会 (注2) などの社会問題となった運動であり、これらに研究が集中する傾向は「逸脱の社会学」としての宗教研究から抜けきっていないと批判する。ベックフォードは、それら一部の「逸脱的な」宗教を除く大半の新宗教運動には共通の特徴が見いだされると主張する。NRHMsの対象となるのは、きわめて多くの新宗教運動やニューエイジ・グループであり、彼はその代表的なものとして、和尚ラジニーシ・ムーブメント（本書4～6章参照）、禅仏教、創価学会 (注3)、ヒューマン・ポテンシャル運動 (注4) などを挙げている（1984：261；1985：75）。

　彼のNRHMs概念のキーワードは「全体論（holism）」であり、その世界観のもとでは「自己の内面（interiority）」と「ヒーリング」に特別の力点がおかれる。ベックフォードによれば、ホリスティック（全体論的）な世界観は自己の内部での精神と肉体の相互依存という理解を超えて、自己と他者、さらには宇宙的文脈におけるすべての存在の相互依存という認識にまで広がっていくという。また、この世界観は現代社会における聖なるものの伝達手段になっていると主張する。

　このように、ベックフォードはNRHMsの思想的特徴について詳しい議論を展開している。また前述したように、NRHMsの具体例として多くの宗教運動の名前を挙げている。しかし、その具体的な実態やニューエイジの中心であるイギリスやアメリカにおけるNRHMsの状況、さらに

その歴史的背景などに関してはほとんど言及していない。したがって、彼の概念が対象とする領域が何であり、どのような特徴をもつのかについて、不明瞭な点が少なからずある。

　最後に、島薗の「新霊性運動＝文化」概念の対象領域を考察したい。島薗は、日本の大型書店の「精神世界」の本のコーナーに代表されるような、組織宗教ではないがまとまった世界観をもつ宗教文化を「新霊性運動＝文化」と概念化した。日本の「精神世界」、欧米のニューエイジ、また組織性のゆるやかな新宗教の一部を含む現代的な宗教運動群は、70年代後半から顕著になり、先進資本主義諸国で共通してみられる現象であるという。新霊性運動＝文化における思想や態度の特徴には、1）個人の意識変容を究極的なものへ至るきわめて重要な指標と考えることや、2）自然や人間に内在するスピリチュアルなものを尊び、それと一体化することを目標とすること、また、3）個人の自律的なスピリチュアリティの開発をめざす、自由な個人のゆるやかなネットワークによりつながっていることなどがある。

　島薗の概念化の出発点は、「新宗教」では括れない1970年代以降の日本の宗教現象であり、そのため新霊性運動＝文化が新宗教と対置される形で概念化されている。この概念には、一部を除く多くの新宗教は排除されている。というのは、彼は日本の新宗教を、「教義や儀礼の体系をもち、教団組織をもち、特定の創始者を決定的な真理の啓示者として崇敬」する傾向があると捉え、新霊性運動＝文化のなかに含めることができるのは、「新宗教のなかでも教義や組織にあまり固定的な体系性をもっていないものに限られる」（島薗 1996:53）とするからである。たとえば、クリシュナ意識国際協会や創価学会や世界救世教(注5)は、「ニューエイジやその周辺の世界観と多くを共有しているが、かなり明確な教義や組織をもち、信徒に強いコミットメントを要求する」（1996:42）ため新霊性運動＝文化からは除外されている。つまり、新霊性運動＝文化として把握されるためには、「意識変容」をキーワードにする思想レベルでの必要条件と、緩やかなネットワークであるという組織レベルでの十分条件を満たさなければならないのである。

1章 現代のスピリチュアリティ文化

　しかし、島薗の概念化は思想と組織性の両方に軸があるため、対象範囲が不安定になるという問題がある。たとえば、世界救世教は思想面では新霊性運動＝文化に含まれるが、その組織形態がはっきりしているので、新霊性運動＝文化からは排除される（島薗 1996：42）。また、「精神世界」の本の愛読者は、新霊性運動＝文化の一部に入ると考えられるが、その個人が明確な教義をもつ新宗教に所属していれば、新霊性運動＝文化という現象の一部としては把握できなくなってしまう。さらに、（筆者の知人で実際にいるのだが）世界救世救（新宗教）に入会しながら、気功やヨガの教室に通い、マクロビオティック（桜沢如一により始められた陰陽の宇宙原理にもとづく食事法）を実践するといった現代的な宗教性の特徴を、新霊性運動＝文化という包括的な概念の射程におさめることが困難になる。

　以上の議論をふまえて、3人の概念のおもな特徴をまとめたのがつぎの表2である。

表2　ニューエイジに関する諸概念の特徴

	ニューエイジ運動（ヒーラス）	新しい宗教／ヒーリング運動（ベックフォード）	新霊性運動＝文化（島薗）
1) 概念化の出発点	「ニューエイジャー」と呼ばれる人々の存在	従来の社会学が新宗教のなかでも反社会的な運動を扱ってきたことへの反省	「新宗教」という枠では括れない現代的な宗教文化現象
2) キーワード	自己のスピリチュアリティ	全体論	個人の意識変容
3) 適応範囲	組織宗教からニューエイジ・ショップまでの総体	反社会的な運動を除く、かなりの数の宗教運動	欧米の「ニューエイジ」、日本の「精神世界」、新宗教のなかで組織性の弱いものの総体
4) 問題点	アメリカとイギリスに事例が集中	対象領域と具体的な特徴が不明瞭	概念の適応範囲が不安定

3 ニューエイジの3つの構成要素

2節で整理した3つの概念には多くの共通点がある。それらは、現代の先進資本主義諸国を中心に広がる新しい宗教現象を把握する手がかりを与えてくれている。しかし、いずれも幅広い宗教文化、宗教運動群を対象としているので、これらの概念はそのままでは具体的な対象を考察する場合の有効な分析概念にはなりにくい。

筆者は、グローバルな視野に立つ「ニューエイジ」を包括的な概念として用いながらも、具体的な宗教現象を究明する際には、3人の研究者が提出した概念のなかに含まれる3つの側面を分析概念として確立することを提案したい。それらは、ニューエイジの1) 世界観、2) 実践形態、3) 担い手の意識である。これら3つの要素はそれぞれが関連をもつが、同一の宗教現象の異なる側面であり、独立して検討していく必要がある。以下に、これら3要素の特徴を簡単に整理しておく。

(1) 世界観

第1の構成要素はニューエイジの世界観である。ニューエイジとして包括される宗教現象を、価値、信念のパターンに基づいて抽象化したものが世界観にあたる。島薗は「新霊性運動＝文化」の思想的特徴の1つとして、個人の意識変容を究極的なものへ至るきわめて重要な指標と考えることを挙げている（1992:235）。ヒーラスも「自己のスピリチュアリティ」を強調し、「全体論」を中心概念とするベックフォードにおいても、「個人の内的な、変わることのない本来の自己」を重要視する。つまり、外的な対象への崇拝よりも、自己の内面的探求に重点をおくことがニューエイジ思想の大きな特徴といえるだろう（世界観に関しては、次節で詳しく論じる）。

(2) 実践形態

第2の構成要素はニューエイジの実践形態であり、これはニューエイジ

を生成、維持、変容させていく具体的な相互作用のパターンに基づいて抽象化したものである。ニューエイジの実践レベルの特徴は、固定的な組織に拘束されないネットワーク的なものを重視することである。そこでは、教祖のような人物を崇拝し、排他的にコミットメントすることは嫌われる。このような組織的な特徴は、多中心性、脱伝統化(de-traditionalization)などの言葉で把握されてきた。しかし、ニューエイジの具体的な組織として何を含むのかに関しては研究者によって意見の相違がある。たとえばヒーラス（1996:38）は、ニューエイジャーの5〜10パーセントの人たちが特定のニューエイジ系の団体の熱心な会員であると予想している。このことからうかがえるように、ヒーラスは固定的な団体もニューエイジの一部として理解し、事実、欧米の創価学会をニューエイジ団体の1つとみなしている。同様に、ベックフォードも創価学会をNRHMsの1つと考えている。一方、島薗は、すでに述べたように、創価学会などの宗教団体は「ニューエイジやその周辺の世界観と多くを共有しているが、かなり明確な教義や組織をもち、信徒に強いコミットメントを要求する」(1996:42)ため新霊性運動＝文化からは除外している。このように、ニューエイジに特定の宗教教団も含むと考える者から、固定的な組織を除外する研究者までいる。

(3) 担い手の意識

第3は、ニューエイジへ参加する担い手の意識である。典型的な担い手は、「宗教」という言葉には違和感を示すが、スピリチュアリティには興味があり、個人のネットワークを中心に行動し、意識変容をめざす人々である。もちろんニューエイジャーのなかには、きわめて純粋に意識変容を目指している人々から、ニューエイジ・グッズ（ヒーリング・ミュージックのCDやアロマオイルなど）を購入するにとどまる受動的な消費者までの幅広い人々が含まれる。しかし、ニューエイジを受容する人々の社会的属性に関しては均質性が高く、教育程度の高い、比較的裕福な家庭に育った20代後半から40代の人々が中心であると捉えられている。

以上要約した、ニューエイジの3つの構成要素の特徴が理念型であるこ

I部　現代宗教への理論的アプローチ

とは、強調しておく必要がある。つまり、特定の運動がニューエイジかそうでないかの議論に終始することはあまり生産的ではない。実際の宗教現象を考察する際には、それぞれの要素に関して「どの程度ニューエイジ的か」を分析するほうがより有効なアプローチだと思われる（この指摘に関する実証研究は本書4章を参照）。この基準を図式化すれば、つぎのようになる。

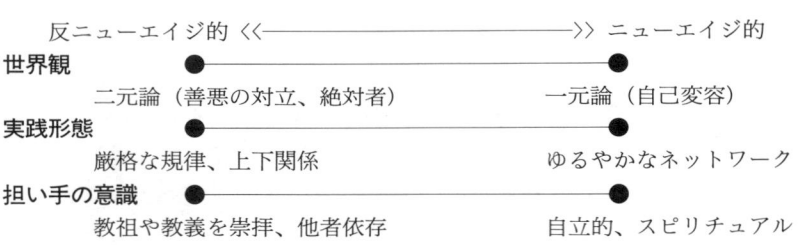

図1　ニューエイジ度の尺度

この図は、ニューエイジが掲げる理念を、「宗教」と対置する形で抽出したものである。すなわち、ニューエイジ側からみた従来の宗教のイメージとは、善悪を対立させる二元論的な世界観をもち、その組織は厳格な規律に基づいて上下関係を構成し、そして担い手は教祖や教義を絶対的な真理として崇拝し、他者への排他的なコミットメントを行う存在として捉えられる。しかし当然のことだが、ニューエイジの想定する「宗教」に当てはまらない伝統宗教や新宗教が数多く存在するし、また前述したように、現実社会には純粋なニューエイジはおそらく見いだせないだろう。

4　世界観の2つの局面
―― 究極のリアリティとそこに至る手段 ――

これまでニューエイジの思想に関しては、多くの議論がなされてきている。そのなかで特に重要な問題は、その思想が功利主義的で自己中心的な

のか、それとも相互依存を重視する全体論的なものかをめぐる議論である。本節では、ニューエイジの世界観に焦点をおいて論じてみたい。

(1) ニューエイジは功利主義的か

　ヒーラスは、ニューエイジを「自己宗教（self religion）」と呼ぶ。彼は、1960年代の対抗文化の発達にともない、個人は聖なる存在に近いものとして捉えられはじめたと考える。そこでは、表現的個人主義(expressive individualism)の広がりも影響して、自己発達、自己実現というテーマが絶えず重要な役割を果たしていた。ところが、70年代後半から80年代になると、自己宗教は一層広まり、自己の存在も完全に聖なるものとして理解され、「自分こそが神である」という思想にまで発展していったという（Heelas 1992:146）。自己宗教の発達は、現代社会の価値観の多様化などによって自分の外側には何ら確固たる意味の基盤が見いだせない状況と密接な関係がある、とヒーラスは論じる。

　また、ベラーらは、現代アメリカ社会において「自己を宇宙的原理に高めてしまうほど徹底して個人主義的な」宗教形態を「神秘主義」、あるいは「宗教的個人主義」と呼んだ（Bellah et al. 1985=1991:287）。宗教的個人主義の先行形態は、19世紀の思想家であるエマーソン、ソロー、ホイットマンに見いだせるが、この宗教現象は20世紀の後半になってから主要な宗教形態として発達してきていると分析する（1985=1991:282-83）。もちろん宗教的個人主義は、ニューエイジそのものではない。しかし、「現代の宗教的個人主義は、自分のことを述べるのに『宗教的（レリジャス）』とは言わずにむしろ『霊的（スピリチュアル）』というような言い方をしばしばする」（1991:297）との言及からも分かるように、きわめてニューエイジに近い宗教現象だといえよう。このような、「自己宗教」や「宗教的個人主義」として捉えられるニューエイジ思想は、自己を超えた他者や社会全体への関心を示すことのない、自己中心的な思想としてしばしば批判されてきた。

　これに対して、ベックフォードはニューエイジのホリスティック（全体論的）な側面を強調し、その世界観が（社会諸制度の）きわめて断片化した現代

社会における聖なるものの伝達手段になりうると高く評価している。前述したように、彼のNRHMs概念においても、個人の聖性は否定されているわけではない。しかし、自己実現は他者との相互依存、万物との関係においてはじめて完成されるものであり、そうでなければ個々人は断片的な存在になってしまうという。ニューエイジにはこのような自己宗教を超える宇宙的な文脈における全体論が基底にあるとベックフォードは主張する。こうしたニューエイジのホリスティックな理解は、ベラーが「新しい宗教意識（new religious consciousness）」について論じた内容にも通じるものがある。ベラーの見解によれば、ニューエイジに大きな影響を与えた東洋系の新宗教運動は、アメリカ社会に蔓延する功利的個人主義では果たせない意味の基盤を提示する役割を担っていたのである（Bellah 1976：339）。

(2) ニューエイジの新しさ

　これらの議論は同一の対象への賛否両論として片づけてよいのだろうか。筆者は、これら2つの対立はニューエイジ思想の異なった側面に焦点がおかれて論じられてきたことに起因する問題であると捉える。以下では、世界観をめぐる二分法を導入することによってこの問題の解決をめざし、さらに、「欧米や日本の宗教的伝統にとって、ニューエイジ思想の何が新しいものなのか」という疑問に対する1つの解答を示したい。

　筆者は、ニューエイジの思想的な特徴は、究極の「リアリティ（状態、目的）」とそこへ至る「手段（媒介）」から成り立っていると捉えている。ニューエイジでは、ホリスティック（全体論的）でトランスパーソナル（超個的）な世界観が究極のリアリティとしてあり、その究極に至る手段として個人の聖性が強調されるのである。議論の大まかな枠組みを明示するために、各宗教文化の特徴を一般化したのがつぎの表3である。

　表3に示したように、ニューエイジが個人主義的かホリスティックかをめぐる議論は、1つの世界観の異なる側面を指摘しているために生じるのである。確かに、ニューエイジ思想においては、究極に至る手段として個人の聖性が強調される。究極のリアリティに至るためには、家族も地域共

表3　各宗教における究極のリアリティとそこに至る手段

	手段（媒介）	究極のリアリティ（状態、目的）
ニューエイジ	個人主義的	ホリスティック／トランスパーソナル
プロテスタント	個人主義的	個人主義的
カトリック	集団主義的	個人主義的
日本の伝統宗教	集団主義的	ホリスティック／トランスパーソナル
神秘主義全般	個人主義的	ホリスティック／トランスパーソナル

同体も社会一般も障害であり、ひたすら自己の内面の探求が望まれる。たとえば、ニューエイジの思想的源泉の1つとされるヒューマン・ポテンシャル運動においては、個人は社会化によって本来の自己を見失ってしまい、社会や文化の産物である自我（エゴ）を自己と誤解していると捉える。そして、本来の自己を取り戻すためには、両親や学校での教育から解放されなければならないと主張する（Stone 1976; Wallis 1985）。

　しかし、その結果としての究極のリアリティは、よりよい個の確立ではない。それは宇宙意識との一体化であり、日常慣れ親しんでいる自我の消滅であることには注意する必要がある。一元論的宗教運動（monistic movement）についてのロビンスらの見解は、ニューエイジの究極のリアリティを理解する場合に多くの示唆を与えてくれる。彼らによれば、アメリカにおける一元論的、つまり東洋系の宗教運動は、あらゆる物質的相違は幻想であり、すべての部分は究極的には一体であるという宇宙的ビジョンを描きだす。このような意味体系に基づく一元論的宗教運動は、普遍的な自己、すなわち宇宙意識とつながっている元来ホリスティックな自己に働きかけ、スピリチュアリティのめざめを呼び起こすことを目的とするという（Robbins, Anthony, and Richardson 1978:102）。

　つまり、個人主義とホリスティックな世界観は矛盾することなく、ニューエイジ思想に共存しているのだ。表3に示したように、究極のリアリティと手段をめぐるニューエイジ思想の枠組みは、世界各地の神秘主義と類似する。しかし、現代のニューエイジは、大量の出版物と多様な団体・ワー

クショップを通じて、きわめて多くの人々に幅広く受容されており、以前の神秘主義の広がりと大きく異なるものと思われる。

以上の議論は、ニューエイジの思想が欧米の宗教文化といかなる緊張関係にあるのか、また日本の伝統宗教とどこが違うのかを明確にする手がかりとなる。

表4　伝統的宗教文化とニューエイジ思想（手段・目的）との相性

	手段（媒介）	究極のリアリティ（状態、目的）
欧　米	○	×
日　本	×	○

欧米においては、ニューエイジのめざす超越的な神や二元論を前提としない究極のリアリティは、現代の新しい宗教性を示している。ニューエイジの掲げる宇宙との一体感、個の消滅、究極のリアリティにおける神の否定は、ユダヤ・キリスト教文化圏の主流ではない。それどころか、欧米の伝統的な究極のリアリティの前提そのものを否定する思想といえよう。

しかし、そこに至る手段、媒介として家族や共同体に拘束されない個人の神聖さを強調するニューエイジ思想は、キリスト教全般、とりわけ宗教改革以降のキリスト教文化にとって親しみやすい発想である。デュモンやデュルケームが指摘するように、原始キリスト教の時代から、キリスト教の究極のリアリティにおいては、他者の関与を許さない、神と「個人」との一対一の関係が前提となっていたからだ（Dumont 1986＝1993；Durkheim 1898＝1983）。特に、個人主義的な現代アメリカでは、ニューエイジの掲げる個人の聖性を強調する思想は適合的なのである。つまり、ニューエイジ思想は、究極のリアリティの点では欧米の伝統文化と緊張関係にあるが、手段の点では親和的な関係にあるといえるだろう。

一方、ニューエイジの掲げるホリスティックな究極の状態は、日本の宗教伝統の多くと共通点をもつ。悟りによる自我の消滅、祖先の霊への融合、あるいは自然との一体化など多くの日本の宗教伝統が、究極のリアリティ

における個の消滅を自明視している。ニューエイジが掲げる究極のリアリティに関するかぎり、日本の宗教文化にとって特に新しいものは見当たらないくらいだ。これは、ニューエイジの思想的源泉に東洋思想が影響していることを考えれば当然といえよう。

しかし、日本の伝統宗教において、究極に至る手段は従来、集団主義的であったと考えられる。儒教では、血縁に基づく現実の家族そのものが宇宙の縮図であると理解され、それゆえ神聖なものと考えられてきた。また、日本の仏教では大乗、つまり他者とのつながりを基底にした救済論が中心である。さらに、新宗教の多くは、祖先や家族などとの関係性を前提としたうえで、個人の救済を促進させていったのである。つまり、ニューエイジ思想は、究極に至る手段が、家族や地域共同体と分離した個人に力点がおかれる点で新しい宗教性を示しているのである。このように、ニューエイジ思想の究極のリアリティは日本の伝統的宗教文化と親和的である。だが、手段が血縁関係や共同体とは独立した個人の聖性である点では、大きな緊張関係をもたらす可能性を秘めているといえるだろう。

5　日本の「精神世界」研究の課題

本章では、ヒーラス、ベックフォード、および島薗の議論を手がかりとしながら、欧米でニューエイジ、日本で「精神世界」といわれる現代的な宗教現象の概念的な問題を検討してきた。筆者は「ニューエイジ」概念を3つの構成要素に分類したが、それぞれの構成要素に関しては、今後とも詳細に究明していく必要がある。1) 世界観に関しては、その歴史的な背景（影響を与えた人物の思想など）や中心思想の国際比較、世界観そのものの歴史的変遷などを綿密に調査する必要がある。2) 実践形態に関しては、具体的なフィールドワークによって、ニューエイジの世界観を生成・維持・発展させる個々の組織、団体、ワークショップなどへの理解を深める必要がある。3) 担い手に関しては、彼らの意識のあり方や具体的な行動、社会的属性の特徴、あるいは消費者の購買の実態などを調査する必要がある。

また、日本での「精神世界」の実態を検討していく場合には、欧米との相違を考慮にいれつつ研究を進めることは必須であろう。

本章を締めくくる前に、欧米のニューエイジャーと対比した日本の「精神世界」の担い手に関して若干の検討をしたいと思う。ヒーラスは、ニューエイジの先行形態は多岐にわたるとしながら、60年代のアメリカの対抗文化の影響を重視する（Heelas 1996:49-54）。彼の主張を簡潔に述べれば、対抗文化にかかわった人々のなかで、東洋の神秘主義思想に興味をもった人たちが、現在のニューエイジャーの源流となる。前述したように、彼らはドラッグによる意識変容の体験をしているであろうし、また大多数のものはヒューマン・ポテンシャル運動にも参加した経験があるだろう。つまり、欧米でのニューエイジの参加者は、実践的な体験がその基盤にあると思われる。

一方、日本において欧米のニューエイジャーに類似するような人々はきわめて少なく、ニューエイジの消費者としての傾向が強いと筆者は考える。この問題に関して弓山は、アメリカのニューエイジと日本の新霊性運動＝文化との違いについて、大変有益な洞察をしている。

> 確かに数年後れでアメリカのブームが日本に到来してきているのは事実であり、現象面では日米の宗教状況は似ているかもしれない。しかし、ベトナム戦争・環境破壊・人間疎外といった現代社会の病に対する深い反省からくる揺り戻し・逃避・挑戦がアメリカのニューエイジ運動の背景にあるはずである。この深刻さと強靭さが、ブームとされる日本の宗教状況に存在するかというと、筆者はかなり否定的である。
> （中略）ニューエイジ運動も新霊性運動も、一人ひとりの意識の変革から、やがては新たな世紀の到来を準備するように主張するものだが、自らの内からニューエイジ運動を自覚的に生みだしたアメリカと、ブームや商品として流布している日本とでは、今後の運動の展開に大きな違いがでてくるのかもしれない。（芳賀・弓山 1994:59-60）

筆者は基本的には弓山の見解に同意する。だが、この問題について早急に結論をださず、今後とも綿密な調査を行う必要がある。アメリカやイギリ

スのニューエイジャーといっても、彼らはかならずしも鋭敏な問題意識があるわけではないだろう。欧米のニューエイジを無批判に過大評価することは、欧米と日本の状況を単純に同一視することと同様に慎まなければならない。ニューエイジにかかわるマクロビオティック（陰陽の宇宙原理に基づく食事やライフスタイルの実践）や気功などは、日本社会において着実に根づいている。このようなホリスティックな世界観をもつ運動は、たとえ人々が単純な消費行動をしたとしても、知らず知らずのうちに個人の世界観に影響をおよぼすとも考えられるのだ。

　以上の問題を含む多くの課題に答えるためには、今後とも理論・実証の両面にわたる研究を充実させていく必要がある。現代のニューエイジに対する研究ははじまったばかりである。本章で行ったニューエイジにかかわる諸概念の整理が今後の研究において少なからず貢献することを期待したい。

注（1）正式名称は、世界基督教統一神霊協会。1954年に文鮮明（ムンソンミョン）（1920-　）によってソウルで設立されたキリスト教系新宗教。60年代以降、日本やアメリカなどで教勢をのばすが、霊感商法や合同結婚式をおこなう新宗教として社会問題となる。信者数は約40万人。
（2）インド人のバクディヴェーダンタ・スワミ・プラブパーダ（1896-1977）によって始められた運動で、ハレー・クリシュナ運動とも呼ばれる。彼が渡米した1965年にクリシュナ意識国際協会は設立され、多くの若者を惹きつけた。信者は、剃髪（ていはつ）し、サフラン色の衣を身につけ、禁欲的な生活を送る。
（3）1930年に牧口常三郎（まきぐちつねさぶろう）と戸田城聖（とだじょうせい）によって設立された日蓮仏教系の新宗教。池田大作（だいさく）3代目会長（現名誉会長）時代の1950～70年代に教勢を躍進的にのばし、現在国内での会員数は820万世帯以上という日本最大の新宗教教団である。1975年に創価学会インターナショナルがグアムで発足し、現在では世界128カ国に130万人以上の信者がいる。
（4）人間性心理学で開発されたテクニックを用いて参加者の自己実現を達成しようとする運動であり、通常は数日間のワークショップへの参加という形式をとる。日本では1980年代後半以降、「自己啓発セミナー」として広まった。
（5）岡田茂吉（1882-1955）により創始された新宗教であり、浄霊（じょうれい）（手かざし）によって病気直しを実践する。信者数は約80万人。芸術に造詣のあった教祖は真善美の理想郷づくりを掲げる。教団所有の熱海にあるMOA美術館には、国宝級の美術品も多数ある。

2章　世俗化論のゆくえ
―― 現代イギリスの宗教状況を手がかりとして ――

> 　20世紀後半の欧米の宗教社会学において、多くの研究者の関心を集めてきた最重要テーマの1つは、近代化と宗教とのかかわりである。この両者の関係について、宗教の影響力は減退するとはっきり主張するのが世俗化論者たちである。彼らによれば、近代性と宗教は相互排他的な関係にあり、現代社会では宗教は周辺的な存在にならざるを得ないという。本章では、20世紀後半に展開された世俗化論争を、それが中心に行われたイギリスの宗教状況に基づいて考察する。本章のねらいは、現代イギリス社会における宗教性の特徴を概観することによって、ほかの先進資本主義諸国にも共通する宗教の変化を理解し、さらに今後の宗教動向の一端を読み取ることである。

1　近代化と宗教

　20世紀後半の欧米の宗教社会学において、多くの研究者の関心を集めてきた最重要テーマの1つは、近代化と宗教とのかかわりである。伝統社会から近代社会への移行に際してさまざまな変化が生じたが、それを理解する鍵となるのが「社会分化（social differentiation）」という現象である。すなわち、伝統社会では、経済、政治、法、教育、家族、宗教などの諸制度が密接に結びついていたが、近代社会になるとそれらはある程度分離して、全体社会のなかで独立することになる。こうした状況が、近代性（modernity）を理解するもっとも明確な指標の1つといえる。先進資本主義諸国が高度に社会分化した社会であることを否定する社会学者はおそらくいないだろう。以上の特徴をもつ社会状況において、宗教が人々の思

考様式や価値観や意味の基盤にどのような影響をおよぼすのかについて、宗教社会学者は多大の関心を示してきたのである。

この近代化と宗教の関係について、ほとんどの社会学者は、現代社会における宗教の影響力について否定的な立場をとる。バーガーは、近代化と密接にかかわる合理化のプロセスは、古代ユダヤ教に由来し、キリスト教により強化されたと捉える。だが、テクノロジーの合理化は、社会生活の（公私の分離による）断片化をもたらす結果となり、そこでは私的領域が孤立し、また道具的な合理性の基準が生活全般に適応されていると論じる。つまり、宗教が近代を生みだしつつ、近代化によって宗教のもつ聖なる天蓋が侵食されるという、両者の相矛盾する関係を指摘する（Berger 1967＝1979）。これに対して、現代社会において宗教の影響力は減退するとはっきり主張するのが、世俗化論者たちである。60年代以降の欧米の宗教社会学で中心的位置を占めるこうした世俗化を掲げる論者として、ウィルソンやブルースがいる。彼らの主張を簡潔に述べれば、近代性と宗教は相互排他的な関係にあり、現代社会の宗教は周辺的な存在にならざるを得ないということになる。

本章では、20世紀後半に展開された近代化と宗教との関係についての論争を、それが中心に行われたイギリスの宗教状況に基づいて考察する。世俗化論が登場した1960年代以降、イギリスの宗教性はいかなる変化をし、その特質はどのようなものとして理解できるのか。本章のねらいは、イギリス社会における宗教状況を考察することによって、ほかの先進資本主義社会にも共通する現代社会に特徴的な宗教性・スピリチュアリティの様相を読み解く手がかりを得ることである。

2 イギリスにおける世俗化論争

イギリス社会は、欧米のなかでも宗教への関心が薄い世俗化の進んだ社会の1つとして捉えられてきた。人々の宗教心を把握するために、キリスト教会への出席率をその尺度として用いることがしばしばあるが、表1の調査結果においてもイギリスの世俗化を裏づけるような結果となっている。

表1　欧米各国における教会出席率

国　　名	教会に毎週出席する割合(%)
アメリカ	43
イギリス	14
イタリア	36
カナダ	31
(旧)西ドイツ	21
フランス	12

出典　Iannaccone (1991:165) の一部抜粋

　また、イギリス国内での過去30年間にわたる、各教会に所属する人々の推移をまとめた表2を見ても、世俗化は進展しているように思われる。

表2　イギリスにおける教会への所属者数の推移

	1970	1975	1980	1983	1985	1987
イギリス国教会	2,547,767	2,270,028	2,153,854	2,082,789	1,985,367	1,927,506
メソジスト	694,333	614,729	558,264	528,862	526,432	516,739
バプティスト	295,341	270,259	239,872	234,829	239,217	241,451
長老派	1,806,736	1,645,548	1,508,509	1,429,595	1,383,064	1,346,366
その他の教会(独立派、ペンテコステなど)	529,728	526,403	532,674	544,873	572,904	604,458
全プロテスタント	5,873,905	5,326,967	4,993,175	4,820,948	4,706,984	4,636,520
ローマカトリック	2,714,520	2,534,395	2,342,264	2,215,467	2,127,793	2,059,240
オーソドックス	193,430	201,500	208,940	214,397	220,036	231,070
全キリスト教	8,781,855	8,062,862	7,544,379	7,250,812	7,054,813	6,926,830
成人人口に対する割合	20.7%	18.6%	16.9%	16.9%	15.3%	15.0%

出典　Davie (1994:398)

　表1、2から一見明らかなのは、イギリスは欧米のなかでも宗教への関心が薄く、しかもその関心は年々弱まってきているということである。世俗化論の先駆的存在であるウィルソンは、ヨーロッパにおける「宗教的な制

度、行為、意識はその社会的意義を喪失してきている」(Wilson 1982:149)と論じるが、以上の表はイギリスの状況に関するかぎり、その主張を裏づける資料として理解することもできる。

ところが、1990年代以降、イギリス社会の世俗化の進展に対して否定的な立場をとる社会学者が登場してきている。その代表として、スタークとイアナコーニ (Stark and Iannaccone 1994)、デイビー (Davie 1994) が挙げられる。彼らは世俗化論の何に反論しているのだろうか。

(1) 世俗化論の否定派

スタークとイアナコーニは、世俗化論一般を批判する際に、宗教に市場経済モデルを適用して、制度宗教を宗教企業、信者を宗教消費者と捉える。従来の宗教社会学者は、宗教消費者に焦点をおき、表1、2に示したデータから宗教の世俗化、つまり人々の宗教への関心が低下していると結論づけてきた。これに対してスタークらは、信者の行動でなく宗教を供給する企業側に着目し、つぎのように問う。「もしも少数の怠惰な宗教企業しか存在しなかったとしたら、潜在的な宗教消費者はどのような行動をとるだろうか」と。

スタークらは、自分たちの経済モデルに立脚した「供給サイド・モデル」の有効性を検証するためにいくつかの命題を提出している。本論との関連のみをまとめるなら、要するに、ある国で人々の教会出席率や教会所属率が低いのは、宗教企業が宗教消費者の多様なニーズに応えるような形態となっておらず、結果的に個々人が教会に関心を示さなくなっているためであるということだ。

もちろんスタークらは、独占的な宗教制度がほかの社会制度すべてに影響をおよぼしていた中世ヨーロッパに特徴的な「聖化した」状態と、現代社会において顕著な宗教経済の規制緩和によって社会が「脱聖化した」状態を区別している。しかし彼らの議論で重要なのは、1) 独占的な宗教企業による社会全体への影響力の低下を意味する「脱聖化」と、宗教一般が人々の生活におよぼす影響力の減退を意味する「世俗化」を同等に扱うこ

Ⅰ部　現代宗教への理論的アプローチ

とはできないとしたこと、そして２）多くの研究者がしているように、教会出席率の低下によって個々人の宗教心は喪失したと唐突に結論づけることはかなり無理があるとする点にある。言い換えれば、世俗化と誤解されている状況は、独占的宗教企業が人々に魅力的でなくなったことに起因し、個人の宗教心が衰えたためではないのだ。

　その具体例として、北欧諸国（アイスランド、デンマーク、フィンランド、ノルウェー、スウェーデン）のように、毎週教会に出席する人々の割合がきわめて低い（２～６％）にもかかわらず、個人の信仰心に関してはかなり高い割合を示しているケースをスタークらは挙げている。これらの国々では、「神の存在を信じる」という質問に対しては、半数以上の人々が（52～75％）、また「自分が宗教的であると思う」に対しても３割以上の人たち（32～66％）が「はい」と答えているのである（Stark and Iannaccone 1994: 244-46）。

　デイビーは、スタークらとやや異なった論点ではあるが、やはり世俗化論を批判している。彼女によれば、人々の宗教心の度合と教会所属率とがどれだけ関連するかは、人々が生活する地域やその社会階層が密接にかかわるとする。たとえば、宗教心と教会への帰属意識のギャップがもっとも大きいのは、都市部で生活する労働者階級である。彼らは何世代にもわたり、キリスト教会を含むあらゆる制度に不信を抱いている。それゆえ、教会に通うことにためらいがあるのだが、それでも信仰自体は世代から世代へと継承されているという（Davie 1994:107）。

　デイビーによれば、一般に社会集団の凝集性が強く、また教育程度が比較的低い場合には信仰と実践は強まり、逆に教育程度が上がると宗教心に負の影響を与える。つまり、教育程度の比較的低い労働者たちは、制度宗教に否定的であっても、宗教心は仲間たちとのつながりによって維持されていることになる。こうした都市部労働者に顕著に見られる、信仰を維持しつつも制度宗教での実践を行わないという特徴は、これまでのイギリス社会全体においてどちらかといえば例外的であった。しかし今日では、「信仰すれども所属せず（believing without belonging）」という傾向は中

26

流階級にも広がり、より多くの人々の宗教行動を特徴づけるようになってきている、というのがデイビーの論点である（Davie 1994:107）。

　以上、スタークとイアナコーニ、デイビーの世俗化論批判をまとめた。彼らの主張から明らかなことは、イギリス人は、制度宗教への信仰が薄らいだのであって、個々人の宗教心そのものが失われたわけではないということである。

(2) 世俗化論の肯定派・中立派

　世俗化論者であるブルースは、これらの主張に対して全面的に反論する。彼は、イギリス人は教会に所属することなく信仰心をもつというデイビーの指摘には、明確なデータの裏づけがないと批判する（Bruce 1996b）。ブルースは、実に多くの指標を用いながら、イギリス社会の世俗化の進展を指摘する。そのデータには、制度的宗教にかかわる人口に対する教会所属率、教会出席率、聖職者の人数やその社会的地位、教会の政治に対する影響力、子供の日曜学校への参加率といったものをはじめ、洗礼を受けたり教会で結婚式をあげる人々の割合といった社会生活における宗教の役割、あるいは神を信じる人々や呪術的なものの日常生活への影響という伝統的信仰について、さらには宗教に関連する本の出版数やテレビ番組を視聴するときの宗教番組への関心などが含まれる。これらすべての項目において、人々の宗教とのかかわりは、20世紀、特に後半の50年間に大幅に減少してきており、若干の増加を示した項目すら１つもないという。また、スタークらの議論に対しても、彼らが提示した近代以前のイギリスの宗教状況などのデータに関して、その妥当性をめぐるかなり詳細な批判を展開している（Bruce 1995）。つまり、ブルースによれば、制度宗教にせよ非制度的宗教にせよ、イギリスで世俗化が進行していることはまったく否定できないのである。

　以上で世俗化論に対する否定派、肯定派それぞれの論点を検討してきた。この論争についての筆者の見解を述べるまえに、中立派と思われるギルらのまとめたデータを紹介したい。中立派の議論によって、世俗化論肯定派、

否定派の論点をつなげることが可能となるからである。

　ギルらは、信頼できる過去の100以上の統計的データを統合して、1940年代以降に生じたイギリス人の宗教心の長期的な変化をまとめた（Gill, Hadaway, and Marler 1998）。これまでの世俗化論に対する支持や批判に用いられたデータは、比較的短い期間での変化を扱っているものが多かった。またブルースの場合は、宗教状況の長期的変化を扱ってはいたが、各種の資料はかなり羅列的であり、それらのデータの有効性・妥当性に関しては何も言及されていなかった。これに対して、ギルらのデータでは、50年以上の長期にわたるイギリス人の宗教心の変化をきわめて多くの包括的なデータに基づいて捉えている。

　ギルらは、キリスト教への信仰（神の存在や死後の世界、神の子としてのキリストなど）にかかわる項目と、非制度的な民間信仰やより最近の新宗教やニューエイジ（生まれ変わり、ホロスコープ、幽霊の存在など）にかかわる

表3　イギリスの伝統的宗教信念の推移（単位%）

	1940/50s	1960s	1970s	1980s	1990s
信仰（信じる人の割合）					
神		79	74	72	68
人格としての神	43	39	32	32	31
スピリットや生命力としての神	38	39	38	39	40
神の子としてのキリスト	68	62		49	
死後の世界	49	49	37	43	43
天国			52	55	51
地獄			21	26	25
悪魔	24	28	20	24	26
不信仰（信じない人の割合）					
神		10	15	18	27
キリストは単なる人間/物語	18	22		38	
死後の世界	21	23	42	40	41
天国			33	35	40
地獄			68	65	66
悪魔	54	52	70	64	67

出典　Robin Gill, Kirk Hadaway, and Penny Long Marler (1998:509)

表4 イギリスの非伝統的宗教信念の推移（単位％）

	1940/50s	1960s	1970s	1980s	1990s
信仰（信じる人の割合）					
生まれ変わり			24	26	26
占星術			23	26	23
未来の予知			48	54	47
呪文/お守り			17	19	18
黒魔術			11	13	10
死者との交流	15		11	14	14
幽霊	15		19	28	31
不信仰（信じない人の割合）					
生まれ変わり			53	57	57
占星術			72	69	71
未来の予知			41	40	46
呪文/お守り			79	78	78
黒魔術			82	82	86
死者との交流	59		79	77	80
幽霊	64		73	65	62

出典　Robin Gill, Kirk Hadaway, and Penny Long Marler (1998: 513)

項目に分けて結果をまとめた。彼らがまとめた結果がつぎの表3、表4である。

　この表3に示されたように、キリスト教にかかわる人々の信念は大半において確実に低下してきている。「神を信じる」人は、1960年代の79％から90年代の68％に低下している。逆に、「神を信じない」人は、同じ期間に10％から27％へと上昇している。それ以外の項目に関しても、キリスト教信仰は確実に低下し、不信は増加している。ただ例外的なのが、「スピリットや生命力としての神」への信仰であり、これは過去50年間でほとんど変化していない。これに対して、表4にまとめた非キリスト教的信念に関しては、過去50年間でほとんど変化はみられない。生まれ変わりや占星術や予知の存在など、それらを信じる人々はいずれも人口の過半数以下ではあるが、これらに対する信仰はほぼ安定した数字を示している。

(3) 世俗化論争への見解

　私たちは、この一連の議論をふまえて、現代イギリスの宗教状況をどのように理解すればよいのだろうか。世俗化論争に終止符が簡単に打たれることはまずないだろう。しかし、こうした統計的データもかなり蓄積されてきた現在、イギリスの宗教に関してある程度まとまった見解を述べることは可能である。これまでの議論をふまえた筆者の立場はつぎのようになる。

　まず、制度宗教に関してだが、これに対する人々の幻滅が増し、キリスト教の教義の一部に対する不信が高まってきていることは否定できない。伝統的なキリスト教信仰やその実践である教会への出席などは、イギリスにおいてますます周辺的な行為となり、また個々人の生活に対する制度宗教としてのキリスト教の影響力も低下してきているのは事実である。しかし、各種の統計が示すように、その影響力の低下は長い年月をかけて徐々に生じる変化であり、人々の思考様式や意味の基盤に与えるキリスト教の影響力を無効化することはできない。なぜなら、21世紀を迎えた現代の、世俗化が進んでいると言われるイギリスにおいて、人口の68％の人たちは何らかの意味での神を、43％の人たちは死後の世界を信じているからだ。また、毎週教会に出席する人々が人口の14％いるということも、そのような習慣をもたない日本人からすれば軽視できない規模の現象である。

　つぎに、非制度的宗教に関してであるが、これは過去50年間でほとんど変化が見られないとするギルらの調査を支持したい。確かにブルースは、民間信仰のレベルにおいても明らかな世俗化が見られるとするが、それを裏づける特定のデータを採用した理由の説明はなく、彼のデータの有効性を全面的に支持することはできない。したがって、基本的な宗教動向に関しては、ギルらの議論に基づいて、制度宗教への不信は増すものの民間信仰に対する変化はほとんどないと捉えたい。

　では、こうした動向をどのように解釈すればよいのだろうか。ギルらは、自らの提示するデータから世俗化論を支持することも否定することもできるとしているが、自分たちの立場は特に表明していない。筆者の見解では、キリスト教という制度宗教とそれにかかわる信仰（人格をもつ神、神の子

としてのキリストなど）という狭義の宗教に関するかぎり、世俗化は徐々にではあるが確実に進行してきていると捉えてよいと考える。確かにデイビーが論じたように、「信仰すれども所属せず」とする宗教形態は存在する。事実、世界各地で信仰・実践されている民俗宗教は、教会はなくとも世代から世代へと受け継がれる性質のものだろう。また世俗化論者のブルースも認めているように、16世紀のヨーロッパの農民層は教会に出席しなかったが、彼らの宗教心が弱かったわけではない（Bruce 1996b）。その意味で、デイビーが指摘した教会への所属や出席率と、人々の宗教心との区分はきわめて重要である。しかしながら、情報化が進み、科学的合理主義が浸透した現代社会を、16世紀のヨーロッパや共同体の絆が強い伝統社会での状況と同等に議論するわけにはいかない。現代社会では、「人格をもつ神の存在」や「神の子としてのキリスト」や「天国や地獄」を信じることはますます困難になってきているのである。

　スタークとイアナコーニの「供給サイド・モデル」も、人々の制度宗教にかかわる行動と彼らの宗教心が合致するわけではないことを論証したにすぎない。この指摘そのものはきわめて重要だが、人々の宗教心自体は低下しないという彼らの前提──もちろんスタークらは、その理論的根拠を提示するが──には、多少の疑問がのこる。スタークらも認めているように、国家による宗教に対する規制が緩和され、多様な宗教が発達して消費者のさまざまなニーズに応えるようになるまでには時間がかかる。それまでの間、一時的に人々の信仰心が低下する可能性もあると彼らは指摘している。しかしスタークらは、西ヨーロッパ諸国において信仰心が停滞するこの「一時的」期間が、どれくらいの長さになるのかについては言及していない。もしこの一時的期間が数年でなく、20〜30年またはそれ以上を指すのなら（おそらくもっと長い期間のはずである）、その時期を世俗化が進んだと表現して差し支えないように思われる。換言すれば、制度宗教への信頼と個々人の宗教心とを峻別することはきわめて重要であるが、前者は大変顕著な低下が、後者も多少の低下を示しているというのが実際の状況であろう。

3　1980年代以降の宗教性の動向

　前節で検討したキリスト教にかかわる人々の行為や信念は、ここ30年間である程度の減少傾向にあったが、特定の宗教への所属の推移のみを見ても、そこには一定のパターンがあることに気づく。ベックフォード（Beckford 1992）は、つぎのようにまとめている。

　まず、イギリス国教会をはじめとして、メソディズム、長老派、カトリックといった正統派のキリスト教は、依然そのメンバー数や教会数から見てもイギリスにおいて支配的であるが減少傾向にある。他方、非正統派のキリスト教グループ（たとえば、聖霊の現存の個人的体験を重視するペンテコステ派）は、ほぼ横ばいか多少の増加が見られる。この後者に、ニューエイジ系のグループやイスラーム、ヒンドゥー教、シーク教を加えると、これらの増加傾向はより明確となる。

　この増加傾向にある宗教は、大きく二分することができる。第1は、厳格で非常に保守的傾向の強いキリスト教会やユダヤ教系のグループであり、これらは広義のファンダメンタリズムとして把握できるだろう。第2は、リベラルで非排他的な、比較的新しいタイプのスピリチュアリティの出現であり、こちらもゆるやかなネットワークによって、イギリス社会で広がりつつある。本節では、80年代以降の宗教状況を理解する手がかりとして、おもに後者の展開に目をむけてみたい。まず、後者の具体的形態の1つであるニューエイジについて検討し、つぎにニューエイジを含むより広範な新しいスピリチュアリティの展開を考察しよう。

(1) ニューエイジの展開

　ニューエイジとは、1980年代以降に欧米社会で一般に使われるようになった用語であり、多様な信念や実践のまとまりを指す。その多くは、19世紀後半の秘教的な文化に由来し、それ以外のものは、1960年代以降に欧米で発展した東洋系の新宗教運動やヒューマン・ポテンシャル運動にかなりの

影響を受けている。ニューエイジは、その支持者の一部が何らかのグループに所属している場合もあるが、大半は特定の集団に強い帰属意識をもたないという特徴をもつ。ニューエイジ支持者は、その領域で提供されるさまざまなワークショップやセラピーに参加したり、ニューエイジに関する書物を読んだりして、ゆるやかなネットワークで結ばれている。ニューエイジは、現代の新しい宗教性を示す文化形態であるといえるだろう（詳しくは1章参照）。

　ニューエイジという文化現象のイギリスでの状況は、どのような特徴をもつのだろうか。まず、ニューエイジが広がる地域は、伝統宗教への関心と反比例の関係にあることが知られている。つまり、キリスト教の影響力が弱い地域、たとえば、イングランドの南東の地域のような伝統宗教の衰退が顕著な地域はニューエイジの拠点となっている。またニューエイジは、物質的満足をある程度以上得ている人々に関心が広がっており、労働者階級にはほとんどいない。ブルースによれば、ニューエイジのおもな支持者は、「大卒の中流で、ソーシャルワーカーやカウンセラー、俳優、芸術家、文筆家、芸術家といった自己表現にかかわる専門職に就く」人たちである(Bruce 1995:218)。

　ローズは、イギリスのニューエイジャーの社会的属性について詳しく調査している（Rose 1998）。彼は、イギリスで幅広い購読者をもつニューエイジ系の雑誌「キンドレッド・スピリット（Kindred Spirit)」に質問紙票を挿入し、205項目にわたるアンケートに回答のあった908名のデータを詳細に分析した。そのデータから明らかになったことは、回答者の7割が女性であり、彼女たちはニューエイジ全般のなかでもヒーリングやボディーワーク（セラピーのなかで、マッサージやダンス・セラピーなど肉体への働きかけをおもに行うもの）への関心が男性と比べて高いことである。また職業や収入は予想外に多様であり、一般のイギリス人と比べて際立った特徴は見られなかったとしている。ただし、そのほとんどはホワイトカラーであり、ブルーカラーが全体の3％（人口全体では43％を構成）ときわめて少ないことが確認された。さらに年齢層に関しても明確な特徴が判明した。回答者の約6割が35〜54歳に属し、24歳以下は3％（人口全体では33％を

Ⅰ部　現代宗教への理論的アプローチ

構成）とほとんどいない。つまり、ニューエイジ支持者の約半数は、1940年代、50年代に生まれ、1960年代の既存の体制への異議申し立てをする、いわゆる対抗文化の状況で育った人々である、とローズは指摘する。

　こうした支持者の特徴をもつニューエイジは、1980年代以降のイギリスにおいて関心が高まってきている。その具体的活動を検討したい。ブルースによれば、ニューエイジのイベントである「マインド・ボディ・スピリット」コンベンションは、1977年以降毎年開催されている。当初は、小規模な1日のイベントであったが、80年代後半には5日間のイベントとなり、90年代になると、コンベンションでは100以上の個人・団体が参加する10日間のイベントにまで発展してきている。

　ニューエイジの広がりが一番顕著に分かるのは、ニューエイジ関連の書籍の増加である。アメリカの「ニューエイジ」、日本の「精神世界」に当たるのは、イギリスでの「マインド・ボディ・スピリット」の書籍コーナーである。ブルースによれば、この書籍コーナーは年々大きくなり、アバディーン地区にあるウォーターストーン書店では、このセクションは70メートルの棚を有している（他方、伝統的キリスト教は5メートルにすぎない）。また、1970年から90年までの20年間で、イギリスの総出版数は約100％の延びを示すが、宗教書が90％の増加であるのに対し、ニューエイジを含むオカルト関連書籍は150％の延びとなっている（Bruce 1996a：199）。

　ニューエイジ系の雑誌の出版部数をみても、その影響力の大きさをうかがい知ることができる。ヒーラスの本に言及されている各雑誌の発行部数をまとめたのが表5である（Heelas 1996：113-14）。

　もちろん、複数の雑誌を購入する読者もいるので、これらの発行部数の総数がニューエイジに関心を示す人々の人数とはならない。しかし、発行部数の規模を考慮すると、ニューエイジが現代イギリス社会で無視できない存在であることはまちがいないだろう。また、各雑誌に広告を載せているニューエイジのイベントも多様である。ヒーラスによれば、インサイト・ネットワーク誌に載ったものだけで、1994年の1月から3月にイギリスで約300のイベントが開催されていることになる。

34

表5　ニューエイジ系雑誌の発行部数

雑誌名	発行部数
Body Mind Spirit	60,000
Caduceus	30,000
Cahoots	3,000
i-to-I	40,000
Insight Network	20,000
Kindred Spirit	120,000
Rainbow Ark	18,000
Resurgence	20,000
合　　　計	311,000

　以上でニューエイジの特徴と社会での広がりを検討してきた。それではニューエイジは、社会全体にどのような影響をもたらすことになるのだろうか。この点については、研究者の評価の分かれるところである。
　ブルースは、ニューエイジがいかに広がろうとも社会全体への影響はほとんどまったくないと論じる（Bruce 1996a）。たとえ多くの人々が est（Erhard Seminars Training）をはじめとする自己啓発セミナーを受講し、それを通じて意識変容を経験しようとも、ニューエイジが外的状況、つまりイギリスの国家や政治・経済に影響することはないとする。確かに、ニューエイジの全体論的なアプローチが、環境問題や健康などの領域で広がりを示しているように、ニューエイジ思想のある部分は主流文化に浸透していくかもしれない点をブルースは認める。しかし、全体的な論調としては、ニューエイジのもつ消費材としての側面を彼は強調する。

(2) 新しいスピリチュアリティの特質

　これに対して、新しいスピリチュアリティの動向をより積極的に評価しているのがベックフォードである。ベックフォードは、現代イギリス社会において、ニューエイジを含む非排他的で比較的新しいタイプのスピリチュアリティが広がってきていると論じる。彼の指摘で重要なのは、この「新しいスピリチュアリティ（new spirituality）」が、組織宗教の外部のみな

らず、内部においても徐々に浸透してきている点にある。

　まず、新しいスピリチュアリティの特徴を検討する。第1の特徴は、この新しいスピリチュアリティがかならずしも超自然的なものに言及することなく、たとえば人間と人間以外、公と私、物質と精神などの「相互連関（inter-connectedness）」を強調するホリスティック（全体論的）なパースペクティブ（ものの見方）を志向する点にある。第2は、このスピリチュアリティが、ホリスティックなパースペクティブを適用することにより、新しい力の源泉に接近したり、それを解放したりできるという信念をもつ点にある。より具体的には、この力を応用して、たとえば健康や自然環境などの実際的な諸問題の解決を試みようとする。この場合、分析的でなく統合的な、二元論的でなく一元論的な思考様式が重要であるとされる。第3の特徴は、この新しいスピリチュアリティが、より広範で多様な思想や実践と矛盾しない点にある。つまり、特定のニューエイジ運動はホリスティックなパースペクティブを応用するかもしれないが、それにとどまらず、さらに多くの場面で実践されているという（1992:17-18）。

　それでは、このようなホリスティックで相互連関を志向する新しいスピリチュアリティが、イギリス人全体のどれくらいの人々に支持されているのだろうか。ベックフォードによれば、新しいスピリチュアリティは何世紀も続いたイギリスの宗教文化を根底から覆す（くつがえ）という性質のものではないし、全体論を熱心に推し進めるような活動家や真の信奉者はいまだに比較的少ないという。しかしベックフォードは、この比較的新しいホリスティックな感性が、組織宗教の内部とともにほかの社会領域に対しても影響していると論じる。つまり、医療、教育、エコロジー、ジェンダー、死、あるいは経営管理といった領域においても、人間の全体性や、人間とそれ以外との相互連関というテーマにかかわる見方が広まりつつあるという。

　以上まとめた新しいスピリチュアリティは、従来の「宗教」とは呼べないかもしれないが、人々の意味や価値観の源泉となり、人々のものの見方や考え方、あるいは感じ方に影響を与えると捉えてよいだろう。

　このホリスティックな世界観の広がりを示す一例を菜食主義者の増加に

見ることができる。いくつかの調査によれば、イギリスでの菜食主義者は人口の4.5〜7％であり、魚は食べるが肉は食べない人々を含むと約12％にもおよぶという。菜食主義者の人数は、過去10年くらいの間に約2倍になっている（Hamilton 2000:65）。新しいスピリチュアリティとの関連で重要なのは、菜食主義をはじめる動機である。ハミルトンの調査において、その理由（複数回答可）として挙げられているのは、倫理的関心から（67％）、健康上の理由から（38％）、スピリチュアルあるいは宗教上の理由から（17%）である（Hamilton 2000:67）。もちろん、菜食をはじめてから付け加えられた動機もあるだろうし、単純に1つの理由から菜食主義を貫いているわけでもないだろう。しかし、菜食の実践者たちが動物を食べることを倫理的問題として捉える点に、現代的なスピリチュアリティの一端をみることができる。

　実際、菜食主義者への調査においても、彼らのなかにホリスティックな世界観にかかわる代替セラピーを熱心に実践している者が多いことが判明している（Hamilton 2000:77）。倫理的な動機による菜食主義は、たとえば環境問題に熱心に取り組む人々と同様に、自己をどのように規定し、その際自己のまわりの人間や、人間以外の動物、あるいは環境とどのようにかかわっていくのかについての感性が密接に関係している。広義の菜食を実践する人々が、ここ10年で約2倍になり、しかも人口の1割以上が実践者であることは無視できない数字といえる。これは、ホリスティックな世界観への関心がイギリスで高まってきている表れとして理解できるだろう。

　自己と他者、人間とそれ以外の生物、生と死、過去と現在と未来などの相互連関を強調する思想は、菜食主義以外にも、エコロジーや代替医療への関心の高まりに見いだすこともできるだろう。これらのホリスティックなパースペクティブは、ニューエイジよりも広範な領域にかかわり、したがってより多くのイギリス人の生き方や感じ方に影響を与える1980年代以降の宗教性の展開として理解できるのである。

4　世俗社会における宗教性

　本章で考察してきた現代イギリスの宗教状況は、ほかの先進資本主義諸国の宗教の今日的展開を理解する手がかりを与えるとともに、現代的な宗教研究のありかたを再考する契機ともなりうる。現代社会において、社会制度としての宗教は依然根強く、そこに所属したり、定期的に宗教儀礼に参加する人々も人口全体からみると一定の割合を占めている。しかし現代では、宗教組織に所属しても帰属意識が乏しかったり、また組織に所属せずにある種の宗教的なものを信仰したり、さらには特定の「非宗教的な」場面でスピリチュアリティを感じたりする人々も増えてきている。今後もこの傾向は続くことが予想される。

　宗教組織への所属意識が希薄化した状況は、現代的な宗教性・スピリチュアリティが一貫した方向性をもたず、まとまりに欠けたものとなっていることを示している。イギリスでの現代的な宗教性を示すニューエイジに、多様な信念や実践が内包されていることはこの実態を如実に表している。こうした動向は、現代社会の断片化や、自己選択や自己実現を強調する状況を反映しているといえよう。社会全体の変化、とりわけ経済や社会構造の変動にともなって文化形態は変化する。この文化的表現形態の１つである宗教の特質や、それにかかわる人間の表現形式も変容することになるのは当然であろう。現代社会において、宗教性はまぎれもなく多様化してきている。この宗教性は、現代において喪失しつつあるというより変容してきているのであり、聖性は疑いもなく現在でも存続する。しかしながら、その形態は過去のものとは大きく異なるのだ。本章で試みた、イギリスの現代的宗教状況やそれに対する多様なアプローチの批判的考察は、こうした事実を確認し、さらなる研究対象への接近の必要性を再認識する機会となったのである。

3章　入信の社会学
―― 当事者の価値観の持続と変容をめぐって ――

　本章では、新宗教に参加する個人に焦点をあてた社会学的諸研究を批判的に概観しながら、入信プロセスの包括的な理解にむけての有効なアプローチを究明する。筆者は、社会的状況に規定されながらも意味探求をするような信者像を前提としたうえで、多元的な諸要因を包括する入信モデルを構築する基礎固めを目指したい。具体的には、約40年前に提案された古典的入信モデルの再評価と批判的修正を行いながら、今後入信研究を発達させていくための理論枠を確立し、また実証研究をする際の見取り図を提示することを試みる。

1　欧米と日本における入信研究

　1960年代以降、欧米では、伝統的なキリスト教の世界観とは対立する多くの宗教が出現し、それらは総称して新宗教運動（New Religious Movements）と呼ばれるようになっている。一般の人々は、こうした新宗教運動への入信を逸脱的な行為とみなし、また宗教組織からの洗脳やマインド・コントロールがあってはじめて起こる現象として捉える傾向にあるという（Robbins 1988）。というのも、マス・メディアの一面的な報道によって、人々は新宗教運動に対するネガティブなイメージをもっていたからである。また、現代の世俗社会においては、（キリスト教は別として）スピリチュアルな何かを崇拝するのは不自然で問題のある行為であり、秘密のプロセスを含むにちがいないという思い込みがあるからだとロビンスは指摘する。このような一般社会のレッテルを検証するという学術的関心も手伝い、入信に対するさまざまな実証的、理論的な研究が社会学の領域で

は行われてきている。60年代以降の欧米において、入信プロセスを究明しようとする試みは、宗教社会学の中心的位置を占めてきたといってよいだろう。

日本において「新宗教」と言った場合、幕末・維新期以降に出現した宗教教団を指し、欧米の「新宗教運動」よりも、歴史的に長い期間に出現した運動を対象範囲としている（注1）。日本における新宗教は、歴史的にみると民衆運動としての性格が強い。にもかかわらず、欧米と同様に、日本のマスコミや一般の人々の新宗教に対するイメージは、通常ネガティブなものであったという（井上 1992）。そこには、新宗教への入会を不自然な現象と考え、現代社会の「社会病理」として扱う傾向があることは否めない事実である。しかし、杉山（1995）が指摘するように、日本の社会学者による入信に関する実証的研究は少なく、また入信を体系的に理解するための理論枠もあまり発達していない。

本章の目的は、新宗教に参加する個人に焦点をあてた社会学的諸研究を批判的に概観しながら、入信プロセスの包括的な理解にむけての有効なアプローチを究明することである。従来の社会学的研究は、いかなる要因が入信に影響を与えると捉えてきたのだろうか。その際、信者の意思や選択性は要因の1つとして含まれるのだろうか。それとも、一般社会で入信を洗脳やマインド・コントロールから説明するように、個人の意思を超えた外在的な要因から入信を理解するのだろうか。本章ではまず、社会学的な入信研究の対象および入信に影響を与える諸要因を概観し、つぎに、入信の主体である個人の捉え方をめぐる2つのアプローチ（社会・心理決定論と能動的行為者論）を批判的に検討する。以上の議論をふまえて、入信プロセスを総合的に理解する1つの手がかりを、ロフランド=スターク・モデルに求め、モデルの再評価を行う。最後にこのモデルに必要な修正点を検討しながら、新しい入信モデルの可能性を探ることとする。

2　入信の社会学の対象と2つのパラダイム

(1) 社会学的入信研究の対象

　19世紀末から20世紀初頭にかけて、アメリカの宗教心理学では、回心論が全盛の時代であった。「回心の心理学（psychology of conversion）」では、「それぞれの個人が宗教的世界に入っていく固有の局面・行程」（井上・島薗 1985:91）に着目し、特別な宗教的資質をもった人々の神秘体験がその主要な研究対象になっていた。また、宗教心理学における回心研究は、同じ伝統宗教や宗派の枠内での人格の変化などを扱ってきた。たとえば、キリスト教の１つの宗派内において、ある人がどのような啓示を受け、神秘体験をし、また内面を変化させていくのか、といった事柄が研究テーマとなったのである。

　これに対して1960年代以降急激に発展した「入信の社会学（sociology of conversion）」では、「人はどのような状況下で宗教教団に加入するのか、それは本人や周囲にどのような影響を及ぼすのか」に注目し、「回心はある集団への帰属過程として捉え直されて」いった（井上・島薗 1985:91-92）。また、社会学の入信研究では、信者が加入する新たな宗教組織をかならず前提とし、それが新宗教である場合がほとんどであったといえるだろう。

　このように、社会学における入信研究は、1）神秘体験ではなく、ある宗教集団への帰属過程を扱い、2）その対象を宗教的達人でなく一般信者におき、さらに、3）伝統的宗教の枠内でなく、新宗教への入信過程を究明しようとする点で、心理学の回心研究とは異なる。本章では、教祖や特別な宗教的資質をもった人の劇的な体験を指す傾向が強い「回心」という用語は避け、conversion の訳語として「入信」を用いる。そして研究対象も、もっぱら新宗教に参加する一般的な個人に焦点をおくことにする。なお本章では、宗教組織の存在を前提としたうえで、「入信」（conversion）を「自らの基本的な意味体系の変化にともなう自己の変容」（McGuire 1997:71）

として理解し本論を展開していきたい（注2）。

　それではどのような要因が、個人の入信に影響しているのだろうか。マキャレックとスノウ（Machalek and Snow 1993）は、入信の諸要因を1）個人的要因と2）個人がおかれた状況的要因という2つのカテゴリーに分けた。さらに、個人的要因にはa）肉体的特性、b）心理的特性、c）社会的属性の3つが、また、状況的要因にはa）時間的状況とb）社会・文化的状況の2つがサブ・カテゴリーに含まれるとした。マキャレックらのカテゴリーを使いつつ、筆者が具体例を含めて整理したのがつぎの表1である。

表1　入信に影響する諸要因

(1) 個人的要因	(a) 肉体的特性（病気、肉体的疲労） (b) 心理的特性（耽溺的な性格、宗教的探求心、ノイローゼ） (c) 社会的属性（年齢、性別、学歴、職業）
(2) 状況的要因	(a) 時間的な状況 　（ⅰ）個人(史)レベル（人生の転機、ライフサイクル） 　（ⅱ）集合的、歴史的レベル（ベトナム戦争後のアメリカ） (b) 社会・文化的な状況 　（ⅰ）ミクロ・レベル（対人関係、社会的ネットワーク） 　（ⅱ）中間レベル（宗教の組織形態） 　（ⅲ）マクロ・レベル（価値観の多様化・相対化）

　表1を見ても分かるように、入信の社会学は分析レベルの異なるさまざまな要因を念頭においている。というのも、ある個人が入信する過程においては、これらの諸要因が複雑に絡み合って影響をおよぼしているからだ。したがって、入信現象を総合的に理解するためには、これらの諸要因を包括する理論枠の存在が期待される。しかし、実証研究においては、表1の要因のどれか1つに焦点がおかれる場合が多い。また、表1の諸要因を総合的に考察する理論枠の必要性は認識されながらも、包括的な理論構築にむけての具体的な進展がないのが現状である。

そこで3節では、分析レベルの異なる諸要因を包括するような理論枠を検討する。しかしその前に、入信の社会学が行為者をどのように把握しているのかを概観したい。研究者が個人の主体性をどのように捉えているのかも、3節での議論の前提となるからである。

(2) 伝統的パラダイムと新しいパラダイム

　リチャードソン（Richardson 1985）によれば、入信の社会学には2つのパラダイム（特定の時代のものの見方・考え方を支配する認識の枠組み）が併存しているという。1つは、人間を受動的な存在として捉える伝統的パラダイムであり、もう1つは行為者の能動的な側面を強調する新しいパラダイムである。リチャードソンの議論を批判的に考察する前に、その論点を整理しておきたい。

　伝統的パラダイムでは、人間の受動性を前提としたうえで、個人がおかれた社会的状況や心理的属性が入信に決定的な影響を与えると考える傾向にある。このパラダイムにおける入信の特徴は、1) 突然に劇的な形で起こり、2) それは体験者の理解を超えた非合理的な性質をもち、3) 強力な外部の力が関与して、特定の個人を入信に至らしめることである。つまり、信者の側からは何のコントロールも効かない状態で意味体系の変容が起こるとする。さらに、現在までほとんど自明になってきた入信のイメージは、4) 通常、一度かぎりの出来事により、5) 古い自己が否定され、新しい自己が生まれるというものである。また入信は、6) ひとつの安定した状態からまったく別の安定した状態への変化であり、7) 信仰の変化にともなって行動が変化する特徴をもつという。

　伝統的パラダイムの現代版は、洗脳モデルに見いだされる。このモデルにおいては、個人は外的な力に抗い難い、傷つきやすい存在として扱われる。情報のコントロール、神経組織への過度の刺激、あるいは人格破壊などにより、潜在的信者は批判能力を喪失して、新しい思想に受動的になり、やがて入信に至るというイメージがそこには存在する。洗脳モデルそのものは社会学の領域ではほとんど使われないが、個人を受動的で、心理的要因

や社会状況に対して影響されやすい存在として捉える視点は、社会学的研究においても散見する。たとえば、グロックによる剥奪理論(deprivation theory)は、社会的に、あるいは心理的に剥奪状況におかれた人々が、宗教の領域に人生の代償を求めると論じる（Glock and Stark 1965）。ここでも人間のイメージは、外的な力に対して無力な、受動的な存在として描かれる。入信を行為者の意思を超えた諸要因によって説明しようとするため、たとえ研究者が意図しなくとも、個々人の自由意思や選択性は分析枠から除外される結果となるのだ。

　伝統的パラダイムと比して、新しいパラダイムでは、「人間は社会的な状況において、自己と他者の行為に意味を付与する意思をもった存在」（Richardson 1985:164）であることが強調される。そこでは、人間が活発な「探求者」(seeker)として捉えられることもしばしばある。たとえば、ストラウス(Straus 1979)によれば、信者は活動的な探求者であり、自らの人生をより豊かで意義あるものにしようと努力し、その過程で多くの信者と積極的にかかわり、自己の入信を成し遂げていく存在として捉えられる。このように、ストラウスは信者を能動的な行為者とみなすが、そこに描かれる人間観は、剥奪理論などとは対極をなす人間主義的なものといえるだろう。リチャードソンによれば、信者を能動的な存在として捉えるアプローチは、1970年代中頃より目立ちはじめ、現在では多くの研究者の支持を得ている。しかし、伝統的パラダイムも依然根強く、2つのパラダイムが併存しているのが現状であるという。

　キルボーンとリチャードソンは、新しいパラダイムにおける入信の特徴をまとめている。まず入信の主体である個人を「探求者」と捉え、1) 意思をもった、2) 自律的な、3) 意味と目的の追求を行う存在として位置づける。入信という現象の捉え方も従来のものとは異なる。つまり、「積極的な探求者が 4) 複数の入信や入会の経歴をもち、5) 自己の経験を合理的に解釈し、6) なだらかで、持続した入信を、7) 本人が将来入会するグループとの間の交渉を通じて達成し、そして 8) 新しい信者としての役割を学んでいくうちに、その行動の変化にともなって信仰の変化が生じる」

(Kilbourne and Richardson 1988:2) というものである。

(3) 2つのパラダイムの比較

リチャードソンらが論じる2つのパラダイムの対比のなかには、概念上区別すべき2つの問題が含まれているように思われる。1つは、「入信の特質」をめぐる議論であり、もう1つは研究者の「説明方法」の違いに関する内容である。従来、これら2つの問題は理論的に峻別されることなく2つのパラダイムの対比に取り込まれてきた。しかし筆者は、入信の特質と説明方法を明確に区別しながら、新しい視点から考察したいと思う。ここでは伝統的パラダイムと新しいパラダイムにおける説明方法の論点に関しては、それぞれの立場を考慮して、前者を「社会・心理決定論」、後者を「能動的行為者論」として論じていく。2つのパラダイムを比較検討するために、それぞれの立場をまとめたのが表2である。

表2　2つのパラダイムにおける入信の特質と説明方法

	伝統的パラダイム	新しいパラダイム
1)入信の起こる速さ	突然で劇的	徐々に時間をかけて
2)現象の合理性	本人にとっては非合理的で理解や説明が不可能	本人にとっては合理的で理解や説明が可能
3)回数	通常、人生に一度の出来事	複数の入信経験
4)移行の仕方	ひとつの安定した状態からまったく別の安定した状態への変化	なだらかで、持続的な変化
5)変化の順番	信仰の変化に行動の変化がともなう	役割演技による信仰のめばえ
6)主要な説明方法	強力な、抵抗し難い力の関与（洗脳、剥奪感、経済状況など）	能動的な行為者の探求心（意思、目的、選択など）

このなかで、1)から5)までの項目は、信者が受動的か能動的であるかに直接は関係しない、入信の一般的性質の対比である。これら5つの項目

Ⅰ部　現代宗教への理論的アプローチ

に関するかぎり、ほとんどの宗教社会学者は新しいパラダイムの特徴づけを支持するようになってきている。社会学者自らが参与観察する機会が増えるにつれて、伝統的なキリスト教文化の影響のもとに形成された入信のイメージから脱却し、新たな入信の捉え方が広まっていったのである。確かに、井上と島薗（1985）のように、入信を広く捉えて悟りや解脱（げだつ）まで含むと、突然で劇的な性質のものがあるのかもしれない。また見方によれば、伝統的パラダイムと新しいパラダイムにおける入信の性質の対比は、前者は教祖や特別な宗教的資質をもつ人たちの体験であり、後者は一般信者の特徴として把握することも可能だろう。さらには、入信をめぐる心理学的研究と社会学的研究成果との対比として理解することももちろんできる。だが、本論では社会学的観点に基づき、新宗教へ参加する一般的な人々を理解することに焦点をおいている。よって、筆者は新しいパラダイムの立場を支持し、入信の性質を、信者が徐々に試行錯誤を繰り返しながら、持続的に意味の変容が生じるものとして捉えたい。

　ところが、6）の説明方法に関しては、どちらが実証的に有効であるかを判断することは困難であり、安易に新しいパラダイムを支持することはできない。これは、入信プロセスのどの側面に焦点をあてているかの相違である。確かに、社会・心理決定論の理論的な根拠が示すように、入信に至るには、個人の意思や決断を超えたさまざまな社会的要因や心理的属性が介在していることは言うまでもない。ところが、それらの諸要因に焦点をあてながら入信行為を論じると、信者は個人の意思のおよばない諸力に対して無力な受動的存在になってしまう。しかし、当事者の側からみると、彼らが意義ある生活を成し遂げようと決断し、選択し、目標をたてて宗教集団とかかわっている姿が展開されるはずである。だがその一方で、能動的行為者論は、行為者の主体性を強調するあまり、個人のおかれた社会的状況や心理的属性の影響力を見すごす傾向にある。

　もちろん、行為者を能動的な存在として捉えるアプローチが現れた背景には、入信行為そのものの性質が変化した可能性があることは考慮すべきである（注3）。それと同時に、研究者の関心が、マクロな社会状況からミ

クロなインタラクション（相互行為）の分析に移行していった状況にも着目しなければならない。入信研究にかぎらず、社会学全般の動向が変化してきたのだ。アメリカの社会学理論は60年代にはシステム理論や機能主義理論が主流であったが、70年代以降になると、行為者に焦点をおくシンボリック・インタラクショニズム、エスノメソドロジーや交換理論といったミクロな社会状況の分析へと研究者の関心は移行していった。しかし、マクロな視点では把握できない行為者のインタラクションに焦点をおくうちに、次第にマクロ社会への関心が薄れてしまったという側面もある。このような状況を考えると、入信研究における２つの説明方法の違いは、研究者の関心に起因する点が大きい。つまり、社会・心理決定論の有効性が失われて能動的行為者論が現れたわけではなく、２つのアプローチは、それぞれが有効な視点をもっているといえよう。

　この２つのアプローチを見解の相違として片づけることなく、理論上の統合をすることはできないだろうか。入信プロセスを総合的に理解するためには、これら２つのアプローチは相補的な関係にあるのが好ましいと筆者は考える。換言すれば、信者は社会的な諸条件や心理的特性に拘束を受けつつも、できるかぎりの選択を行い、意義ある人生を送ろうとする存在として捉えられるのである。

　２つのアプローチを統合しようという筆者の提案は、それ自体新しいものではない。これまでさんざん議論されてきた「構造 vs. 意味」、「決定論 vs. 非決定論」などの対比の議論に収まるからだ。しかし問題は、宗教社会学の領域において２つのアプローチを統合する試みが現実には行われていないことである。さらに、この一見きわめて自明な筆者の提案も、具体的に理論化するのが困難だという側面もある。社会学史の流れをみても、マクロとミクロの融合や、社会システムと行為者の相互依存などの重要性が絶えず強調されながらも、理論的な統合となるとどちらかが抜け落ちてしまう傾向にある。次節では、２つのアプローチを統合する可能性を検討する。

3　ロフランド＝スターク・モデル

　本節では、入信に影響する諸要因を包括的に分析し、さらに社会・心理決定論と、能動的行為者論の説明方法の統合を可能にするアプローチを模索する。ここでは、筆者が事例研究（本書6章参照）で用いたロフランド＝スターク・モデル（Lofland and Stark Model、以下、L-Sモデルとする）を1つの手がかりとしながら、入信プロセスを総合的に分析するための基盤づくりを試みたい。

(1) L-Sモデルの概観

　L-Sモデルは、アメリカにおける統一教会の初期の信者たちを調査した結果、提出されたものである。このモデルは、ある個人が入信に至るまでの必要かつ全体で十分となる7つの条件を提示した。その条件とは、ある人が

1) 持続的な、激しい緊張（tension）を経験したことがあり、
2) その問題を宗教的なパースペクティブ（観点）により解釈しようとする傾向があること、
3) その試行錯誤の過程で自らを宗教的な探求者と位置づけて行動することである。

さらに、

4) 人生の転機（turning point）で入会する宗教と出会い、
5) その集団内の一人以上の信者と感情的な絆が形成され（もしくは前もって存在し）、
6) その宗教以外の人たちとの愛着は存在しないか弱まり、
7) 正真正銘の信者となるためには、メンバーと集中的に相互交流する必要がある、

というものである（Lofland and Stark 1965:874）。このモデルはプロセス・モデルであり、7つの相互に依存する要因が累積して最終的に入信に至る

とする。はじめの3つの条件は入会する宗教に接触する以前から存在する背景的要因であり、残りの4つは潜在的信者とすでに信者である者との間で生じる状況的要因である。

まずは、表1で示したマキャレックらが挙げた要因を念頭におきつつ、L-Sモデルの7つの条件を詳しく概観しよう。

ロフランドとスタークによれば、入信への第1の必要条件は、信者が人生の一時期に激しい緊張を経験していることである。緊張、すなわち悩みの原因として、貧しさ、病気、あるいは人間関係の問題などが考えられる。ある人がどのような緊張を経験するかには、個人の心理的特性に加え、年齢、職業、教育歴などの社会的属性も密接に関連する。さらに、特定の時代の社会状況が個々人の悩みに影響していると思われる。ロフランドらは、緊張を生む問題そのものは、一般の人々と潜在的な信者との間で違いがあるわけではないが、緊張を感じる度合と時間的な持続性の点において、一般の人との違いが見いだせるとしている。

第2の要因は、緊張を抱えた人たちがそれを宗教的なパースペクティブ（ものの見方、観点）、すなわち神や先祖の霊などに結びつけて問題を解釈しようとすることである。この要因が条件の1つとなるのは、問題を抱えていてもそれを別な手段を用いて解消する可能性があるからだ。たとえばロフランドらは、別なパースペクティブの1つとして政治的パースペクティブを挙げている。自己の抱える緊張の原因を社会体制の問題点のなかに見いだして、各種の社会運動を起こすことによって解決しようとする人たちもいることだろう。したがって、問題への数多くの対処の仕方のなかで、緊張の原因を宗教的なパースペクティブに結びつけて理解しようとすることが、入信への第2の条件となる。

第3の要因は、自己を宗教的探求者と位置づけて、具体的な探求をしているかどうかである。第2の条件が個人の認知や態度レベルでの特徴であるのに対して、これは人々の行動レベルに関係する条件といえよう。ロフランドらは、具体的な例として、いくつもの教会をわたり歩くことや、さまざまな宗教書を読みあさりながら自己の問題を解決しようとする行動を

49

I部　現代宗教への理論的アプローチ

挙げている。

　入信に必要な第4の条件は、入会する宗教と接触する時期の問題である。潜在的な信者は、特定の宗教に出会う直前かちょうど出会った時に、人生の転機に直面していることが必要になるという。人生の転機とは、過去から継続していた行動様式が途切れるか完結するかして、新しい生活を送る義務や機会が生じた状況である。病気、離婚、失業、転勤、引っ越しなどが転機の具体例である。また、若者にとっての転機は教育に関連するものが多く、学校の卒業や中退、受験の失敗、あるいは入学にともなう転地などが挙げられる。

　L-Sモデルにおけるつぎの2つの必要条件は、対人関係にかかわる。第5の条件は、入信へのプロセスにおいて、将来入信する者とすでに信者である者との間に積極的な人間関係が形成されることである。初めて宗教の教義に接してから、それを真実であると受け入れるまでのギャップを埋めるためには、信者との絆が以前から存在しているか、新たに形成されることが重要になるという。

　第6の条件は、信者との友好関係の発達にともなって社会一般の人々との絆が弱まっていく、あるいは最初から親や友人との感情的なつながりが弱いことである。ロフランドらは、ある特定の宗教への関心が高まり、信者との感情的な絆が強まる時期に、家族や友人たちとの関係性が希薄である必要性を論じている。たとえば、家族や友人が地理的に遠くにいて、周りに親しい友人がいない状況が想定される。

　L-Sモデルにおける入信の最後の条件は、具体的に、日々ひっきりなしに他の信者と集中的に交流することである。これがなくては、真の入信は不可能であるとロフランドらは論じている。ロフランドとスタークは、形式的な信者（verbal converts）と完全な信者（total converts）とを区別している。形式的な信者とは、これまでの6つの条件を満たしてその宗教の世界観を受け入れてはいるが、行為レベルでの変化までは見られない人々を指す。これに対して完全な信者とは、本人の意味体系が変容し、思想的にも行動においても特定の宗教の一員となった人々のことである。この正

真正銘の信者となるためには、第7の条件を満たさなければならないという。信者との相互交流の具体例として、共同体での生活、各種の宗教的行事への参加、徹底的な修行、あるいは奉仕活動の実践などが考えられるだろう。

(2) L-S モデルの評価

L-Sモデルの7つの条件は、表1で整理した入信に影響する諸要因を多元的に分析する出発点になるのだろうか。また、表2にまとめた信者の主体性をめぐる2つのアプローチを統合する1つの可能性を示しているのか。以下ではこれら2つの問題を検討する。

このモデルは、「社会学の文献のなかで、もっとも広範に引用された入信の枠組み」(Snow and Phillips 1980:431)であり、これまで数多くの新宗教運動に応用されてきた（たとえば、Austin 1977）。L-Sモデルがこれほど影響力をもった理由の1つは、モデルが入信に関連するさまざまな要因を含んでいることに起因しているとロビンスは指摘する（Robbins1988）。L-Sモデルの7つの条件が、表1のマキャレックらによる諸要因の分類とどのように対応するのかを表3にまとめてみた。

表3に示したように、L-Sモデルには、2節の表1に示した入信の原因となる諸要因のほとんどが含まれているといっても過言ではない。L-Sモデルの背景的要因（条件の1から3）は、個人の属性のみでなく社会状況の考察も射程におさめている。状況的要因（条件の4から7）には、最近注目されるようになった他者との相互交流にかかわる要因（条件5と6）がすでに含まれている。約40年前に提出されたにもかかわらず、このモデルには、入信を理解するための多元的な要因が組み込まれている。

それでは、2節の2) 3) で論じた信者の主体性に関して、L-Sモデルはどのような視点をもっているのだろうか。ロフランド(Lofland 1977:817)はL-Sモデルを作った10年余のちに、モデルは「社会的な諸力が働く中立的な媒介としての人間という着想」に基づいていると自ら批判し、人間をより能動的な存在として捉えるような入信モデルの提案を期待する意向

表3　L-Sモデルの諸要因と表1との対照

要因　L-Sモデルの内容	マキャレックらの分類に関連する項目
1　持続的な緊張	個人的要因全般（肉体的、心理的特性、および社会的属性） 歴史的状況、マクロ・レベルでの社会状況
2　宗教的パースペクティブ	個人的要因全般（肉体的、心理的特性、および社会的属性） 歴史的状況、マクロ・レベルでの社会状況
3　宗教的な探求行為	個人的要因のなかの特に心理的特性（行為者の能動的な側面）
4　人生の転機で宗教と出会う	個人史レベルでの時間的状況（人生の転機）
5　信者との絆が強まり 6　一般社会との絆が弱まる	ミクロ・レベルおよび中間レベルでの社会・文化的状況 　（対人関係、宗教集団とのかかわり）
7　宗教との集中的な相互交流	個人的要因のなかの心理的特性（行為者の能動的な側面） ミクロ・レベルおよび中間レベルでの社会・文化的状況 　（対人関係、宗教集団とのかかわり）

を表明した。つまり、彼はモデルを放棄し、能動的行為者論の立場に傾斜していったのである。また、ほかの研究者からも同様の批判がされている（杉山 1995:134）。しかし、筆者の見解では、L-Sモデルは最近重要視されてきた信者を探求者として捉える視点（条件3）や、宗教集団と積極的にかかわりながら、意義ある生活を遂行しようとする能動的な行為者の要素（条件7）も射程におさめていると考える。L-Sモデルの内容は、「自分をしばしば宗教的な探求者とみなす主体が、自己を変容させていくために、選択した人々と相互交流を繰り返し、愛着関係を発達させていく積極的な行為」（Richardson 1985:168）として理解することも可能なのである。

　リチャードソンは、L-Sモデルが伝統的パラダイムの決定論的な要因に重点をおきながらも、意思をもった主体を暗黙のうちに含んでいるとい

う点で、新しいパラダイムにむけての掛け橋になるものとして評価している。ところが、前節で論じたように、能動的行為者論では個人の主体性を強調するあまり、社会的な諸要因の影響を見すごす傾向があった。入信の説明方法に関するかぎり、新しいパラダイムのみでは入信を総合的に説明できないのだ。つまり、これら2つのアプローチの統合をめざす筆者の視点に立てば、L–Sモデルは、社会・心理決定論における心理的特性や社会的諸要因の影響と、能動的行為者論での人間の主体性の強調を融合し、入信プロセスを総合的に理解するための出発点になるものとして高く評価したい。

4　新しいモデルをめざして

　前節では、入信プロセスを包括的に理解するうえで、L–Sモデルがきわめて有効なモデルであることを論じた。しかし、約40年前にL–Sモデルが提出されてから数多くの入信研究が行われ、モデルに対するさまざまな批判がされてきたのも事実である。本節では、モデルが大幅な修正を必要とする問題点を探りたい。各種の入信研究を批判的に考察し、また筆者がL–Sモデルをフィールド調査に用いて実際に検討した結果、モデルの修正に関連する重要な問題点はつぎの3点に集約できると考える。

(1)　7つの条件の必要不可欠性、および累積性に関する問題

　第1は、特定の宗教へ入信するためには、L–Sモデルが示す7つの条件をすべて満たす必要があるのか、またその条件は累積的なプロセスなのかという問題である。ほとんどの研究者は、7つの条件のうち2つの要因が必要不可欠だという見解で一致している。それらは、潜在的信者とすでに信者である者との間に感情的な絆が形成されること（条件5）、そして宗教集団との積極的な相互交流により新しいアイデンティティが確立されること（条件7）である。ところが、そのほかの条件についてはその必要不可欠性が疑問視されてきている。ロフランドは、L–Sモデルの基礎に

I部　現代宗教への理論的アプローチ

なった統一教会の再調査において、信者のなかに、以前はまったく宗教的パースペクティブや探求行為（条件2、3）をもたなかった人々が増えてきていると指摘する(Lofland 1977)。また、スノウとフィリップスは、創価学会の事例においてモデルの第6の要因である、教団外とのつながりが疎遠になるという点は当てはまらなかったとしている(Snow and Phillips 1980)。

　グレイルとルーディー（Greil and Rudy 1984）は、数多くの先行研究をふまえて、モデルが単に一般的に応用できるかどうかではなく、どのような状況のもとでもっともよく当てはまるのかを究明する必要があると論じた。L-Sモデルを使用した10の事例を分析した結果、グレイルらは宗教運動が一般社会の価値観から逸脱しているほど、また独自の共同体を形成しているほど、第2、第3、第6の条件が不可欠になってくると結論づけた。逆に、一般社会である程度受け入れられている、または受け入れられるようになった宗教運動（たとえば、アメリカでのモルモン教や日本の創価学会）では、教団外とのつながりが希薄になる必要はないとしている。

　それでは、モデルの7つの条件は、本当にプロセスとして累積的に起こるのだろうか。ランボーはL-Sモデルに類似した7つの要因からなる入信モデルを提出したが、それらの要因に累積性はなく、また順序もさまざまであるとしている（Rambo 1993）。また、コックスら（Kox, Meeus and Hart 1991）は、L-Sモデルがきわめて正確な入信の条件を提出していると評価しながらも、それが入信プロセスを示すものであることに関しては不適当であるとしている。彼らの調査結果によれば、7つの条件はそれぞれ独立した要因であり、そこに強い相関関係はみられないという。

　以上の考察の結果、L-Sモデルの7つの条件は、入信プロセスにおいて必要不可欠ではなく、またそれらはかならずしも累積的な性質をもたないことが分かった。しかし、これらの指摘によって、入信研究において7つの条件を考察する必要性までが否定されたわけではないと思う。7つの条件は信者の生活史を究明するうえで、的確なチェックポイントを提示していることに変わりはないからだ。また、モデルの背景的要因と状況的要因に分けた考察は、今後とも入信現象を理解するうえで重要な意義をもつだろう。

(2) 信者の意味・解釈世界に対するアプローチの問題

　第2は、信者の入信以前の生活史にどのようにアプローチできるのか、という方法論的問題である。第1の批判が、モデルの7つの条件の存在を認めたうえでそれが入信プロセスに必要不可欠かどうかを問題としたのに対して、第2の批判はモデルの条件の一部、特に背景的要因は特定できず、入信の条件として挙げること自体が無効ではないかという議論である。

　たとえば、第1の条件に関していえば、潜在的な信者が特定の悩みをもっていたことをどのように知り得るのかという批判がでている。同様に、第5の条件についても、転機という概念そのものが曖昧だという批判がある。見方によっては、人生のすべての瞬間が何らかの意味で転機と考えられるからだ（Lofland 1977）。つまり、第2の批判は、そもそも信者の語る入信以前の生活史は、社会科学的に信頼のおけるデータとして採用できるか、という問題に起因している。

　こうした問題の背景には、信者の語る入信以前の状況は、客観的な過去の事実というよりは、入信後の宗教的な世界観をもとにして再構築されたものであるという批判がある。たとえば、ベックフォード（Beckford 1978）は、エホバの証人（19世紀後半にC. T. ラッセルにより設立されたキリスト教の新宗派）の事例に基づきながら、一般に信者が入信前の生活史を入信した宗教の価値観から再構成する傾向のあること、またその説明の特徴は教団内の思想体系の変化に呼応していることを指摘した。スノウら（Snow and Phillips 1980）は、ベックフォードの説を支持しつつ、信者が語る過去の緊張や転機は、入信後に主観的経験を再構成した結果であるとする。

　それでは、信者の入信以前の生活史は知りようがなく、入信に必要な要因は特定できないのだろうか。この批判にはやや誇張があるものと思われる。確かに、インフォーマントの過去を知ることは、入信研究にかぎらず、インタビュー調査、生活史調査一般につきものの難題ではある。しかも、ベックフォードが論じるような宗教に特有な調査上の問題点もあり、第2の問題を完全に解決することは困難だ。しかしながら、信者の世界観は入

I部　現代宗教への理論的アプローチ

信後に再構成されているため、入信以前の経験はまったく把握できない、ということにはならないはずである。

　第2の批判を少しでも解決するためには、入信研究における調査方法を洗練させる必要がある。従来の入信研究の問題点の1つは、多くの研究者が、信者の語る体験談を過去の実際の生活史と同一視する傾向が強かったことである。そのうえ、体験談に関するデータを教団刊行物から使用する実証研究が多いことも、この問題をさらに深刻化している。教団刊行物に掲載されている信者の入信経緯は、教団が取捨選択し、編集を加えた可能性もあり、社会学者が信者の生活史を理解する一次資料としては有効性を欠くと言わざるを得ないからだ。信者の過去の経験をできるだけ正確に把握し、社会科学的に信頼のおけるデータとして扱うためには、研究者が直接インタビューし、信者の入信以前の心境をできるだけ正確に究明するような試みが必要である。その際、信者の語る体験談を素材としながら、信者の生活史を社会学的視点から再構築していくことが必要不可欠となる。また、調査対象を信者に限定せず、信者の家族、友人、同僚などに広げていくことも有効だろう。

　以上のことから、信者の入信前の生活史は究明できず、入信に関連する背景的要因は特定できないという第2の批判は、L-Sモデル自体に対するというよりは方法論に基づくものと考えられる。この問題に関しては、今後とも引き続き、方法論をめぐる議論が展開されることを期待したい(注4)。

(3) 7つの条件には含まれていない要因をめぐる問題

　L-Sモデルの第3の批判は、7つの条件が入信に必要なすべての要因を網羅しているかどうかにかかわる。たとえば、ディバイン・ライト・ミッション（1960年にインドで設立され、70年代前半にアメリカで広がった新宗教）の信者についてのダウントンの研究においては、個人的な探求の過程で、ひとりではなかなか自己実現に至れず絶望感が増し、次第にグル（精神的な指導者）を切望しだすという側面が強調された（Downton 1980）。この傾向は、グルが重要な役割を果たすカリスマ的運動に特徴的な要因である

と思われる。研究対象とする宗教の性質に応じて、L-Sモデルを多少修正する必要があるのは当然のことであり、それ自体はモデルの否定にはならないと思う。

　それでは、モデルの改善に必要な付加すべき要因は何だろうか。L-Sモデルの現状の問題点は、入信が継続的な性質をもっているという視点が弱いことである。前節で論じたように、筆者が支持する入信の特徴は、徐々に継続して意味体系の変化が生じるというものであり、ある一定の状態からまったく別の一定の状態への突然の変化ではない。つまり、入信研究においては、信者でありつづけるプロセスにも焦点をおく必要がある。L-Sモデルはこのような状況への考慮を欠き、ともすると、一度完全な信者になるとその安定した状態が一生続くような印象を与えかねない。この問題点を解決するには、信者が信者でありつづけるために試行錯誤を繰り返す様子が、理論上、組み込まれなければならない。

　入信を継続的で動的なものとして理解する試みはあまり行われていないが、その一例は入信プロセスにおける「語り」の研究に見いだされる（たとえば、島薗 1993）。前述したベックフォードやスノウらは、信者が以前の生活史を入信した宗教の世界観に即して再構成する傾向があることを論じた。彼らは信者特有の言い回しや説明方法が、入信後に生活史を再解釈した根拠であると考えたわけである。ところが、ステイプルズとモース（Staples and Mauss 1987）は、信者の特殊な言語やレトリックを意識が変化した表れとして捉えるのでなく、それらは個々人が自己変容を成し遂げていくための道具として用いられていると理解する。すなわち、信者は宗教集団に特有の解釈をしながら、自らの人生を語る努力をすることによって、入信プロセスを促進させていくというのである。語りによる自己変容の促進は、弁論大会という人前で信者が語る体験談、およびその準備段階での自己物語の編集作業にも表れている。菊池（1997:123）の言葉を使えば、体験談は、「一方でその語り手に『信者としての自己』の構成／維持を促すと同時に、聞き手にそういった自己の"語り方"とでも言えるような自己構成の雛型（ひながた）を提供する場」であるという。このように、「語り」な

どの自己変容を促進させていく具体的な場面に焦点をおきつつ、入信プロセスの持続性を究明していくことは今後とも重要な課題となるだろう。

5 現代社会における入信モデル

　これまで考察してきた「入信の社会学」という領域は、欧米の新宗教運動研究の中核をなすものである。それゆえ、入信過程に焦点をおいた理論的、実証的な研究もかなりの成果をおさめてきている。一方、日本において新宗教研究は1つの確立された分野であるが、入信研究はかならずしもその中心的な研究領域とはなっていない。本章で論じてきた入信過程をめぐる論議は、日本の新宗教に参加する個人を理解するうえで大いに役立つものと思われる。また、日本における入信研究によって、欧米で行われた研究のなかから、ユダヤ・キリスト教文化圏であることに起因する問題点を指摘できるかもしれない。そのような意味で、日本の新宗教への入信過程の実証的、理論的研究が今後発展していくことが期待される。

　日本を含めた現代社会において、個々人の知的関心や神秘体験への興味という実験的動機にもとづく入信の増加が予想される(Lofland and Skonovd 1981)。このような入信を理解する際には、信者を探求者として捉える視点を分析枠のなかに含めることは必須であろう。さらに、今後、本やインターネットによる通信を通して、新宗教の思想と接する機会も増えてくることが考えられる。情報化社会において、宗教集団との直接的な相互交流を基盤としないで入信することは可能なのだろうか。それとも、宗教を知るきっかけはマス・メディアであっても、L–Sモデルが示すように、相互交流によって感情的な絆が形成されてはじめて入信が起こるのだろうか。現代社会の宗教状況に適した、新しい入信モデルの構築は必須であると考えられる。L–Sモデルの理論的な修正は、その出発点になるだろう。

注　(1) 本章では、欧米での新宗教を「新宗教運動」、日本の新宗教を「日本の（における）新宗教」として論じる。また、日本を含めた先進資本主義諸国の宗教状況を表すときは、総称して「新宗教」と記述する。

(2) これに対して、「入会」(recruitment)は、「宗教集団への加入（メンバーシップの取得）」（渡辺 1990:202）を意味する。渡辺によれば、日本の新宗教では、「入れば分かる」、「入らなければ分からない」といった説得をして、信念体系の受容を前提とせずに入会を勧める傾向が強く、入信は入会より遅れることが一般的であるという。また、入会しても入信に至らずに脱会する場合も多いという。

(3) ロフランドとスコノブト（Lofland and Skonovd 1981）は、入信動機を「知的」、「神秘的」、「実験的」、「感情的」、「信仰復興的（リバイバリスト）」、「強制的」の6つに分類し、それぞれのパターンによって入信の特質が違うことを論じた。彼らは、現代社会において、個人的な探求からはじまる「知的」モチーフや、自らの意思でとりあえず試してみようという「実験的」モチーフからの入信が増加傾向にあることを指摘する。この2つのタイプの入信に共通するのは、本人の主体的な選択によって、自己実現の手段として宗教に入会していくという特徴である。したがって、ロフランドらの説に従えば、研究者のアプローチの変化は、研究対象の変化にともなって生じたことになる。

(4) 研究者自身によるインタビューによって、信者の入信以前の生活史が推測できるとすると、その特徴は非信者と区別できるものなのだろうか。コックスら（Kox, Meeus, and Hart 1991）は、これまで行われたことのなかったコントロール・グループを用いた調査を統一教会とペンテコステ教会の信者に対して実施した。まず、過去2、3年以内に統一教会かペンテコステ教会の信者となり、入信したと認められる者46名を集めた。これらの人たちの社会的属性を調べたあと、年齢、性別、教育歴、父親の職業レベル、出身地の都市化の程度が一致する同数の人たちをコントロール・グループとしてもうけた。そして両方のグループにインタビューとアンケート調査を実施し、比較検討が可能なL-Sモデルの5つの項目（第5と第7の条件を除くもの）における2つのグループの違いを調べた。その結果、信者とコントロール・グループとの間には有意差が見いだされた。信者は解決が必要な個人的問題を多く抱えており、宗教的な探求心も具体的な探求もコントロール・グループよりも顕著にみられた。信者の人生は不安定であり、引っ越しなどの転機がしばしば訪れている。さらに、彼らの人間関係はうまく機能しておらず、親や仲間からの感情的な支えもあまり受けていなかった場合が多い。コックスらの結果が当てはまるのは、統一教会とペンテコステ教会の信者にかぎられるものの、L-Sモデルの有効性を実証した意義は大きい。

II部
フィールドへの接近
―― 和尚ラジニーシ・ムーブメントの事例 ――

4章　和尚ラジニーシ・ムーブメントの歴史的展開
―― 制度化と脱制度化を軸として ――

> 本章の目的は、ニューエイジが理想として掲げる世界観や担い手のあり方が実際の場面においてどのような様相を呈しているのか、つまり実践形態の軌跡を究明することにより、ニューエイジが抱えうるジレンマを考察することである。具体的には、和尚ラジニーシ・ムーブメントを事例として取り上げ、その歴史的変遷を論述する。本章のねらいは、この運動の具体的な分析を通じて、ニューエイジの実践の場における制度化への抗いがたい動き、ゆるやかなネットワーク作りをめざしながらも組織宗教へと変貌していく傾向、また自立性を重んじながらも他者への排他的なコミットメントに陥りがちな担い手のジレンマなどを描きだして、ニューエイジに対する多元的な理解を試みることである。

1 ニューエイジと反ニューエイジの連続性

「ニューエイジ」「精神世界」の語が一般に流布してはや20年近くになる。ニューエイジは先進資本主義諸国を中心に広がる新しい宗教文化の総称として把握できる。1章で概観したように、このニューエイジには、多種多様な（ときには相矛盾する）信念や実践、また大小さまざまな団体、ワークショップが含まれている。なかには、個人の意識変容や自己のスピリチュアリティの重要性を支持しつつ、ニューエイジャーとしての自覚をもたない人々や、そのようなレッテルを貼られることを嫌う人たちもいる。しかし、おおまかな輪郭をもつニューエイジの一般的特徴を指摘することは可能であろう。筆者は、ニューエイジの3つの分析レベル、すなわち、

世界観、実践形態、担い手の意識に関する特質に着目し、「ニューエイジとは、ホリスティック（全体論的）な世界観をもち、ゆるやかなネットワークをその実践形態とし、その担い手たちは自立性を重んじながら意識変容をめざす現代的な宗教現象である」と定義した（本書1章参照）。

この定義は、ニューエイジが掲げる理念を、「宗教」と対置する形で抽出した特徴である。言い換えれば、ニューエイジ側からみた従来の宗教のイメージとは、善悪を対立させる二元論的な世界観をもち、その組織は厳格な規律に基づいてヒエラルキーを構成し、そして担い手は教祖や教義を絶対的な真理として崇拝し、他者への排他的なコミットメントを行う存在として捉えられる。本章では、これらの特徴を「反ニューエイジ的」な属性と呼ぶことにしたい。しかし、ニューエイジ、反ニューエイジ的属性の多くは、実際の場面においては相反するものではなく、連続線上にあるという点には注意をはらう必要がある。ニューエイジの想定する「宗教」に当てはまらない伝統宗教や新宗教が数多く存在するし、また現実社会には純粋なニューエイジ運動はおそらく見いだせないからだ。

和尚ラジニーシ・ムーブメント（Osho Rajneesh Movement、以下ORMとする）はニューエイジの特徴と動向のいくつかを捉える格好の素材である。創始者のラジニーシは、組織宗教を痛烈に批判し、人々が「自分自身になる」必要性を説いた。また、その担い手たちは、ORMが「宗教」と捉えられることを嫌い、自分たちが直観に基づくスピリチュアルな意識変容をめざしていると主張する。さらに、「精神世界」の本のコーナーに置かれたラジニーシの本がきっかけとなって、ニューエイジの世界に入っていった人々のケースも報告されている（樫村・福田 1999）。

本章では、ORMを事例として取り上げ、その歴史的変遷を論述する。そしてニューエイジの1つとして捉えられるORMは、自らが掲げる理念とは矛盾する反ニューエイジ的属性を含むため、それがORMに動性をもたらしていることを指摘したい。以下では、欧米諸国で行われた諸研究と、筆者のインドと日本におけるフィールドワークに基づきながら、1）ラジニーシの世界観、2）ORMで実施されている具体的アプローチ、3）

ORM の担い手の社会的特徴を検討していく。以上、ORM の歴史において、ある程度共通してみられる諸特徴を捉えたうえで、4) ORM の実践形態の歴史的変遷――ラジニーシの思想を具体化するために、どのような諸規範が構築されていくのかなど――を考察する。最後に、5) ORM を含むニューエイジ諸運動に内在するジレンマを示唆して本章を締めくくる。

2　ラジニーシの世界観

　ラジニーシによれば、人間の究極的な目的は光明（enlightenment）を得ることである。それは人々の真の個性が全面的に開花し、自己が宇宙全体から分離していない意識状態である。光明を得るための最大の障害となるのが人間の自我（ego）であり、これが人々を「本来の自分」から分離させてしまう虚偽の実在であるとラジニーシは捉える。自我は、社会的条件づけ（social conditioning）によって増進していく。ラジニーシは、親の教育や学校教育、また道徳的、宗教的な教えなどのすべての社会化を痛烈に非難する。なぜなら、いわゆる教育が特定の信念体系や社会的役割を教え込み、人間を鋳型にはめこんでしまうと考えるからである。

　ラジニーシはなかでも、組織宗教やその指導者を痛烈に攻撃した。というのも、第1に、従来の組織宗教の多くが彼岸での目的達成を掲げるため、人々が世俗的生活をトータルに享受し、それをスピリチュアルな成長のための機会とすることを妨げてしまうこと。第2に、伝統的な宗教的指導者が、本来なら自己変容の機会となるべき性的エネルギーを否定し、性にかかわるタブーを生みだしたこと。そして第3には、組織宗教という権威主義的な制度によって、内的体験のうちに見いだされるはずの宗教的エッセンスを見失わせてしまっていることである。つまり、ラジニーシは組織宗教を社会的条件づけの最たるものの1つと捉える。

　自我を落とすために必要となるのは、いかなる価値判断もせずに自己の信念や思考、感情のパターンを見守り続けることであるという。ラジニーシは、過去や未来に煩わされることなく「いま、ここ」で完全に覚醒する

ことを強調した。彼の生に対するアプローチはつぎのように要約できる。
> いかなる行為や態度や感情も究極的に否定されたり、是認されたりするものではない。むしろすべての行為、態度、感情はそれらを表現するのにふさわしい文脈があり、すべては神聖である。それゆえ、ふさわしい行為をするということは、瞬間から瞬間へと状況に合うように順応していくことである。(Courtis 1991:63)

このように、ラジニーシはホリスティックな世界観を掲げ、また他のニューエイジ言説においても少なからず強調されるように、善悪の価値判断を相対化する傾向にある。

　彼はまた、師弟関係を肯定し、それが光明を得る手助けになると主張する。ラジニーシの「光明を得た」存在が人々の意識変容を促すというのだ。彼の弟子たちはサニヤシン（sannyasin）と呼ばれている。「サニヤシン」という語はもともと、宗教的慣例に従って家庭と物質世界を棄て、僧侶になった者を指したが、ラジニーシは現世肯定的なサニヤシンのあり方を強調した。

　サニヤシンになるということは、何か新たな信念体系を獲得することでもなければ、個人的な所有物を放棄することでも、また特定の人物に追随することでもないという。ラジニーシは師弟関係の意義を話すなかで、「明け渡し／サレンダー（surrender）」の意味をつぎのように語っている。
> おぼえておきなさい。自我を明け渡すことによって、弟子は何か特定のものを明け渡しているわけではない。なぜなら自我は単なる観念にすぎず、それ以外の何物でもないからだ。（中略）マスターが「自我を明け渡しなさい」……と言うとき、彼が言っているのは「あなたがもっていると信じているが実際には存在しないものをすべて渡しなさい。あなたの信念を渡しなさい——わたしは受け取る用意がある」ということだ。(Rajneesh 1984:304)

サニヤシンたちは、理想的にはラジニーシの思想に服従する必要はない。自らが経験したことは自己の現実となるのであり、そこには信じたり従ったりするべきものはないからだ。このような理由からラジニーシの弟子た

ちは、「信者」と呼ばれることを嫌う傾向にある。

　以上でラジニーシの世界観を概観したが、そこにはニューエイジ思想の骨子である個人の意識変容の重視や組織宗教批判が含まれていることが分かった。またラジニーシ思想には、ニューエイジの理念から一見はずれるような師弟関係の重視が見いだされた。しかし、ラジニーシはグルへの絶対帰依ではなく、「自分自身になる」手段としての師弟関係を強調しており、またニューエイジには制度化される以前の（たとえば仏陀やイエスが生きていた当時の）「本来の宗教」に対する希求がある（小池 1999:87）。したがって、ラジニーシの掲げる理念自体はニューエイジの（典型とはいえない側面があるにせよ）枠内で理解できるといえよう。

3　具体的アプローチ —— 瞑想とグループ・セラピー ——

　意識変容を促進する手段として、ラジニーシはさまざまな瞑想テクニックを開発した。東洋の伝統では、静かに座って思考を観照することが瞑想であったが、ラジニーシは思考や感情をより観察しやすいように体の動きを瞑想のなかに取り入れた。

　瞑想の実践に加え、ラジニーシは弟子たちに欧米で発達したグループ・セラピーや個人セッションに参加することを薦めた。インド・プーナのアシュラム（ashram、「道場」の意味）や世界各地の瞑想センターでは各種のセラピーが提供されている。これらのセラピーの大半は、欧米で60年代後半から70年代にかけて広がったヒューマン・ポテンシャル運動（Human Potential Movement、以下 HPM と記す）に由来するものである（注1）。70年代に HPM にかかわる多くのセラピストたちが、その新しい可能性を求めてラジニーシのもとに集まり、セラピーを行うようになった。アシュラムでは数日から6週間にわたる多様なプログラムが提供されている。

　ORM でのセラピーの目的はおもに2つある。第1は、怒りや恐怖、嫉妬などの抑圧された感情を見つめ、感情のブロックを取り除いてエネルギーが流れるようにすることである。第2は、「ありのままの自分」を受け入

II部　フィールドへの接近

れ、気づきを高めていくことである。アシュラムでは、直接肉体にアプローチするセラピーをはじめ、幼少期の自分を再体験するもの、関係性や性のタブーを見つめ直すものなどいろいろある。しかし、グループ・セラピーの主要目的は以上の2つであるといってもよいだろう。

　ORMにおけるセラピーは、その強烈さにおいても、実験的な性格においても、ほかの成長センター（Growth Center）とは大きく異なるもので

1970年代のグループ・セラピーの一場面（Gordon 1987 より）
←

1990年代のグループ・セラピーの様子
　（写真提供：OSHO International, www.osho.com）　↓

あった。70年代には、アシュラムで行われるほぼすべてのグループ・セラピーで参加者は全裸になるようにいわれた。エンカウンター・グループのなかでは、他の参加者への肉体的暴力が許容されることもあり、しばしば腕や足の怪我や骨折のため病院に連れて行かれた者もいたという。さらに、タントラ・グループにおいては、セラピー内でパートナーを探しセックス

することが求められた。数日間のセラピーにおいて複数の相手とセックスすることは日常的であったという（FitzGerald 1986）(注2)。このような、光明を得る手助けとしての実験的なセラピーの採用は、ORMの特徴として捉えることができるだろう。

4　ORMの担い手の特徴

多くの研究者は、ORMの担い手の国籍、経済的背景、学歴に関して共通の報告をしている。サニヤシンの大半は先進資本主義諸国の20代後半から40代の人々である。彼らは中流の中から上の家庭に育ち、その学歴はきわめて高いという。サニヤシンの総数に関する見解はさまざまだが、サニヤシンは世界中で約3万人、日本で約3000人いると筆者は推定している。ORMの担い手の特徴の1つは、サニヤシンたちがORM以外のニューエイジの諸活動、ネットワークとも密接にかかわっている場合が多い点にある。この傾向が強いのは、ORMに排他的にコミットメントする人たちが少ないこととして理解できる。

サニヤシンの社会意識に関しても興味深い考察がなされている。ウォリスは、1977年当時にラジニーシと面会した39人の訪問者の記録を分析し、その職業的特徴をつぎのように論じている。

> 彼らは圧倒的に中流の特徴をもつのみでなく、その職業は専門職、準専門職や技術職から成り立っている。業種は圧倒的にクリエイティブなものか、ほかの人々へのサービスを主要な役割とする（特に人間性発達にかかわる）ものである。（Wallis 1986:201）

ウォリスの指摘は日本人サニヤシンにも当てはまる。筆者が1994年以降にインタビューした人たちは、大学生、教師、インテリア・デザイナー、セラピスト、翻訳家、針灸師、画家、ミュージシャンなどであった。つまり彼らは、ウォリスが調査した西洋人サニヤシンと同様、芸術性や他者との応対にかかわる仕事をしていたのである。

ウォリスはさらに、サニヤシンがORMと出会う以前から「理想的な自

己」を実現することを探求していたと論じる。その主要なテーマには、社会的な役割によって課された拘束からの自由や、よりオープンに自発的に自己表現することへの切望が含まれるという。つまり、彼らはラジニーシが提示する世界観やそのアプローチに触発され、サニヤシンになることによって理想的な自己を達成しようとしていたのだ。

それでは、社会的役割によって課された拘束からの自由をめざして参加したORMにおいて、サニヤシンたちは理想の自己実現をスムーズに成し遂げたのだろうか。次節では、こうした問題も含めてORMの実践形態の歴史的変遷を考察していきたい。

5　ORMの実践形態の歴史的変遷

ラジニーシとその弟子たちが展開したORMは、変化の激しさと一貫性の欠如をその特徴としている。ムーブメントは世界各地に広がりその流動性が高いので、一概にORMの歴史を論じることは困難である。本節ではおもに社会学的な研究成果に依拠しながら、ORMの理解を試みることとする。以下では、ORMの歴史を本拠地の移転や実践形態の変化などに基づき、1）初期（1973年以前）、2）第1プーナ期（1974－1981）、3）オレゴン期（1982－1985）、4）第2プーナ期（1986－1989）、5）ポスト・ラジニーシ期（1990－現在）の5期に区分して論じていく。

(1) 初期（1973年以前）── 思想家からグルとしてのラジニーシへ

ラジニーシは、1931年12月11日に中央インドのマディア・プラデシュ州でジャイナ教の商人の長男として生まれた。彼は、1953年3月21日、ジャバルプール大学で哲学を専攻していた21歳の時、人間の意識の最終的段階に達し光明を得たという。彼自身が主張する悟りの体験の後も、ラジニーシは大学での研究を続け、60年にはジャバルプール大学の哲学教授となっている。

60年になると、彼はインド各地で講演するようになり、66年には大学を

辞職し、すべての時間をインド各地での講演に注ぐようになる。70年には、ボンベイのアパートにとどまることになり、その後4年間、公共施設を借りて定期的な瞑想キャンプを開催した。この頃までのORMの組織は未

1971年、ボンベイ、パクタール・ホールでの講演
(ヴァサント・ジョシ著『反逆のブッダ』〈めくるまーる社〉より転載)

1972年、ボンベイ、クロス・マンバンでの講演
(『反逆のブッダ』より)

発達であり、ラジニーシは一思想家にとどまり、また彼の講演に訪れるインド人たちも聴衆としての範囲を越えるものではなかった。

　70年からラジニーシは正式にイニシエーションを授けるようになる。イニシエーションを受けた人たちは、新しいサンスクリット語の名前が授けられ、また弟子の条件として伝統的なオレンジ色のローブ（のちに赤系統の服となる）とマラ（ラジニーシの写真入りのロケットをつるした数珠）を絶えず身につけるようになった。71年にはラジニーシは名前を変える。それまで彼は、アチャリヤ・ラジニーシ（ラジニーシ先生）として知られていたが、新しいタイトルとして「祝福された者」あるいは「神」を意味する「バグワン」（Bhagwan）が選ばれた。それから先の89年までの18年間、ラジニーシはバグワン・シュリ・ラジニーシ（shreeは「氏」を意味する）として知られるようになる。さらに72年には、彼が21歳の時に体験した自らの最終解脱の様子を初めて弟子に語り、「光明を得た」マスターとなったのである。

　以上述べたように、70年頃を境として、ラジニーシは思想家からグル（guru、「導師」の意味）へ、聴衆の一部も弟子へと移行していった。しかし、初期の担い手であるインド人が実践した弟子の条件やグルへの帰依は、インドの宗教伝統に根ざしたものであった。「新しい時代」を予感させるニューエイジの文脈でORMを把握できるのは、対抗文化の影響を受けた西洋人がムーブメントの中心的な担い手となる次期以降である。

(2) 第1プーナ期（1974－1981）——アシュラムの形成と制度化の進展

　1974年、ボンベイの南東130キロに位置する高原都市プーナ（Poona）の郊外に2万平方メートルの敷地をもつアシュラムが開かれた。この頃から、サニヤシンのなかで欧米人が圧倒的な割合を占めるようになっていく。当初は、インドを旅していた欧米のヒッピーや精神世界の探求者たちが旅の途上でラジニーシと出会い、惹かれていった。それに続いて、ヒューマン・ポテンシャル運動にかかわっていた相当数のセラピストたちが、スピリチュアリティの新たな発展の可能性を求めてラジニーシのもとに集まり

だした。彼のもとを訪れるセラピストの数が増えるにつれて、今度は新しい心理学の流れに興味をもつ人たちがアシュラムを訪れるようになる。プーナ・アシュラムは、対抗文化の影響を受けた欧米人が集まり、各種セラピーを実践する一大実験場となっていった。

ORM は多くの外国人をひきつけたが、特にアメリカ、イギリス、ドイツ、イタリア、日本から多くの人々が訪れた。76年の時点で、サニヤシンは、3000人から5000人におよぶ長期滞在者と、年間およそ2万5000人から3万5000人の訪問者からなる共同体を確立した（Carter 1990:58）。この第1プーナ期においては、アシュラムは閉鎖的なものではなかった。一部のサニヤシンはアシュラム内に設けられた施設で暮らしたが、大多数の人たちは近くのアパートやホテルに滞在し、ラジニーシの毎日の講話や瞑想やセラピーのプログラムに参加するためにアシュラムを訪れたのである。西洋人や日本人訪問者にとってインドの物価は安く、3ヵ月から6ヵ月間にわたってプーナに滞在することは一般的であり、長期滞在者と訪問者の区分も未分化であった。

しかし、著しいメンバー数の増加の結果として、ラジニーシは少数の弟子たち以外と個人的に接することが困難になっていく。メンバーの急激な増加により、ムーブメントは2つの世界、「すなわち、信者の世界と、創始者とその側近の世界」（Johnson 1992:4）に分断されていくことになる。このような宗教の制度化は、ラジニーシの健康状態の悪化により加速度を増していく。70年代中頃から、ラジニーシはアシュラムの組織運営から徐々に身を引くようになり、数人の中心的な西洋人サニヤシンがアシュラムの運営を担当した。

70年代後半になると、数ヵ月から数年間プーナに滞在したサニヤシンが自国に戻り瞑想センターを開きはじめる。80年には世界中で大小さまざまな規模の200の瞑想センターが開設された。また、ラジニーシの講話録が各国で翻訳されはじめた。日本で最初の瞑想センターは75年に東京近郊にオープンし、81年までには全国に11の瞑想センターが開設される。77年になると最初の翻訳が出版され、80年までにはさらに7冊が翻訳される。81

II部　フィールドへの接近

インドのプーナ・アシュラムの入口
(『反逆のブッダ』〈めくるまーる社〉より)

アシュラムでの講話(『反逆のブッダ』より)

1976年頃のアシュラム近郊のサニヤシンたち(Gordon 1987 より)

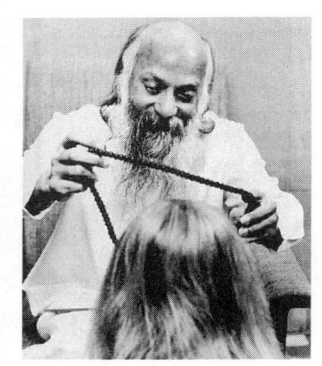

新しい弟子へのイニシエーション(『反逆のブッダ』より)

年までには『存在の詩(うた)』(めるくまーる社)を含む8冊の合計が8万部以上売れ、本を通じてラジニーシの存在を知る日本人が増加していく。

　この当時の瞑想センターはアシュラムに対する支部のような組織的構造はなかった。センター運営は、アシュラムに登録すれば誰でも行うことができたのである。その代表者もセンター運営以外の職業で生計をたてていることがほとんどで、宗教的職能者ではなかった。また、瞑想センターを訪れるサニヤシンたちも、各センターに所属しているわけでなく、まったくセンターに行かない人たちがむしろ大半だった。

　ラジニーシのラディカルな思想や実験的なアシュラムは、多くの人々、とりわけ先進資本主義諸国からの若者を惹きつけたが、インド社会とORMとの間の摩擦は激化していった。ラジニーシの言動やアシュラムでのラディカルな実験に対する論争の結果、ラジニーシは81年インドを離れアメリカに向かうことを余儀なくされたのである。

　以上考察してきた第1プーナ期においては、アシュラムや各国の瞑想センターはゆるやかなネットワークによってつながっており、厳格な組織やヒエラルキーを構成していたわけではない。だが、ORMの制度化がある程度進行していったことがうかがえる。サニヤシンの人数が増加しアシュラムが一旦形成されると、そこでは社会化のメカニズムが働く。ラジニーシのビジョンを具体化する過程で、ORMは当時の欧米人たちがもたらしたヒッピー文化を色濃く反映することになったのだ。また、アシュラムでのセラピーは、ORM独自の新しい倫理と関係性のパターンをメンバーに教育する機能を果たしていたといえるだろう。つまり、サニヤシンたちは何の価値観ももたず瞬間瞬間をトータルに生きることや、「自分自身になる」ことを理想として希求する一方、ORM流のライフスタイルを学び、さらにラジニーシと彼の共同体にある程度コミットメントしていくことになったのである。

(3) オレゴン期(1982−1985) ── ORMの組織宗教への変貌

　1981年の春、ラジニーシは長年患った喘息と糖尿病のため、講話を含む公共の場での発言を一切しなくなる。アシュラムのすべての実権は、ラジ

ニーシの個人秘書であったインド人女性マ・アナンド・シーラ（Ma Anand Sheela）に委ねられることになった。この時点で、ORM は宗教の制度化の新たな段階を経験することになる。これまで ORM は、ラジニーシとその側近からなる世界と、一般信者の世界の2つに分かれていたが、前者はさらに、創始者ラジニーシと、ORM が円滑に機能するために任命された人々とに分化していった。つまり、ラジニーシの意思とは半ば独立した形で組織運営が確立し、ORM の担い手は創始者／運営スタッフ／一般信者に分かれていったのである。

シーラを中心とする運営スタッフは、中央オレゴンに6万4000エーカー（東京23区の面積に相当）の荒涼とした土地を購入し、81年8月にはラジニーシをそこへ招く。サニヤシンたちは、そのなかにラジニーシプーラム市（Rajneeshpuram、「ラジニーシの表現」を意味する）を建設した。82年の夏からは、ラジニーシプーラムにおいて毎年7月にフェスティバルが開かれるようになり、世界各国から最高1万5000人の人々が参加した。

これまでゆるやかなネットワークを作っていた ORM は、この時期になると確固としたヒエラルキーをもつ組織宗教へと変貌し、各種の制度化が進展していく。83年には『ラジニーシズム――バグワン・シュリ・ラジニーシとその宗教の紹介』と題された小冊子が10数か国語で出版された。そこでは、ORM が「宗教」であると宣言され、ラジニーシの教えが経典化されている。また、ORM における聖職者の資格とガイドラインも規定されている。さらに、この小冊子に記されている（ラジニーシとその教えと彼の共同体への帰依を示す）「ガッチャミ」の儀式は、オレゴン共同体と各国の瞑想センターで実践されるようになった。

オレゴン共同体も次第に全体主義的な特徴をもつようになる。そこでは約2000人のサニヤシンが、近隣の人々と日常的交流のない孤立した生活を送っていたが、彼らは1）永住者、2）長期滞在者、3）訪問者のカテゴリーに分類された。永住者はすべての個人財産を処分し、コミューンに寄付することが要求された。長期滞在者は、コミューンにお金を支払って、各種の仕事（掃除・洗濯、建設工事、調理など）を崇拝（worship）として行った。

この当時、ラジニーシ思想の「明け渡し／サレンダー」が本来の意味合いからずれて、個人財産の放棄や物的・人的資源の提供を正当化する論理として利用されていったのである。

　オレゴン共同体の外部でも、ORM の中央集権化と標準化は進んでいった。オレゴンのスタッフは世界各地の瞑想センターを訪れて、ラジニーシプーラムへの寄付を強く求めた。また、各自が独自に運営していた瞑想センターを 1 つにまとめ、各国に大きなコミューンをつくることを要求した。その結果、世界10数か国にラジニーシ国際コミューンが結成される。日本の ORM も諸外国と類似する状況に直面する。85年には各地の瞑想センターは閉鎖となり、それに代わって東京にコミューンが誕生し、そこで約110名が個人財産を処分して共同生活をはじめたのである。日本を含む各国のコミューンでは、世界中のサニヤシンの意識をそろえるため、ラジニーシプーラムと同じ献立の食事が毎日提供された。もちろん、この時期においても相当数のサニヤシンは瞑想センターに直接かかわることのない社会生活を送っていた。しかし、彼らは「サレンダーが足りない」と批判され、早くコミューンに参加することが求められた。つまり、ORM のヒエラルキーの下位に位置づけられたのだ。このような ORM の組織化に異を唱えるサニヤシンも多く、世界中で半数近くの者はこの時期にムーブメントから離れていったという。

　ラジニーシの弟子たちがオレゴンに落ち着いた当初から、ORM と近隣住民との摩擦は絶えなかった。衝突の原因には、ラジニーシの急進的な世界観や、意識変容をめざすサニヤシンたちが近隣住民に対して優越的な態度で接したこと、また彼らが地元住民がいたアンテロープの町を実質的に乗っ取りラジニーシプーラム市としたこと、正式な市としての認可を得るため全米からホームレス1500人を招き入れたことなどが挙げられる。85年9月になると、シーラと10数人のスタッフが突然コミューンを去り、FBI が介入した捜査の結果、彼女らが行ってきたコミューン内外での不法行為が明らかになる。そのなかには、ラジニーシとその世話人の部屋の盗聴、ORM の資産5500万ドルの横領、ラジニーシの主治医デバラジのヒ

77

II部　フィールドへの接近

素による殺人未遂、近隣レストランでの有害物質サルモネラ菌の混入とそれによる住民約750名の食中毒（うち45名が入院）、公共施設の放火などが含まれていた。シーラとその仲間は逃亡先の旧西ドイツで逮捕され、カリフォルニア州の刑務所に服役した（Carter 1990）。

　シーラとその直属の部下たちがコミューンを去った後、組織運営に関す

1984年、セキュリティ・ガードの車に伴われるロールスロイスを運転するラジニーシ。沿道にはサニヤシンたちが立っている。後ろはフェスティバル期間中の仮設の宿泊テント（Gordon 1987 より）

1984年、ラジニーシのすぐ左がマ・アナンド・シーラ（Gordon 1987 より）

るいくつかの変更がなされた。コミューンの一部の土地がもとの住人に売り戻され、また、これまで行われていたサニヤシンの服装の色の制限もなくなった。さらにラジニーシの教えをまとめた小冊子『ラジニーシズム』は処分された。しかし、こうした脱制度化の動きも長くは続かなかった。シーラたちが去った約1ヵ月後、今度はラジニーシ自身が数人の弟子たちと共にコミューンを去り、国外逃亡を試みた。彼らは、給油先のノースキャロライナ・シャーロット空港で逮捕された。司法取引の結果として、ラジニーシは告訴されていた34の罪状のうち移民管理局への偽証に関する2つの罪を認めることや、今後5年間アメリカに入国しないことなどを条件に釈放され、11月14日アメリカを去った。その2週間後、コミューン運営者はラジニーシプーラムがもはや経済的に機能しないことを宣言し、コミューン閉鎖の意向を表明した。ここに約4年間におよぶアメリカでの実験的な試みが終了したのである（こうした一連の不祥事にもかかわらずORMにとどまった人々の心境については5章で扱う）。

　以上まとめたように、オレゴン期にはさまざまな面での制度化が進行していった。ラジニーシの「明け渡し／サレンダー」の思想は個人財産の放棄を意味するようになり、また組織内でのヒエラルキーも確立した。サニヤシンたちは、「瞬間、瞬間を新たな状況に対応して、いま、ここに生きる」という理想をもつあまり、ORMの体制を既存の価値観に基づいて批判する態度を失っていったのだ。また「個人の意識変容」の重視も、コミューン内外での社会的問題から目を背ける結果となった。つまり、オレゴン期の制度化は、組織運営スタッフによる統制などの外在的要因に加え、ニューエイジ思想特有の内在的ジレンマも介在していたと考えられる（注3）。

(4) 第2プーナ期（1986－1989）──脱制度化とゆるやかなネットワーク

　ラジニーシプーラムの崩壊により、多くのマス・メディアはORMの終焉を報道した。しかし、ORMはコミューンの解体後も存続していく。ラジニーシはネパール、ギリシャ、スペイン、ウルグアイなどの数か国を訪問した後、86年7月にはボンベイに、そして87年1月にはプーナに戻る。

つぎの3年間、彼はほぼ毎日の講話を行い、年間約1万人の訪問者がアシュラムを訪れた。87年以降、ラジニーシの講話の題材はすべて禅語録から選ばれるようになる。その影響もあるのだろうか、この時期日本人の訪問者が増加した。

この時期の実践形態は、70年代後半のプーナでの状況に類似する。オレゴン期の中央集権的な体制に代わって、各国、各瞑想センター独自の展開が世界各地でみられるようになった。大規模な国際的コミューンに代わって、サニヤシンのネットワークを重視する小規模なグループが各国に散在するようになる。日本でも東京にあったコミューンは87年に解散となり、各地に再び瞑想センターが誕生しはじめた。89年までには日本各地に大小さまざまな15の瞑想センターがオープンしたが、それらは各センターのコーディネーターによって独自に運営されるようになっていく。オレゴンや各国のコミューンで共同生活を送っていたサニヤシンたちも、世俗の職業につきながらORMとかかわっていくことが主流となり、ORMのセクト的な特徴は徐々に薄れていった。

この時期、ラジニーシの役割も新しいステージに移行していく。シーラらの組織運営者たちが去った後のオレゴン期から、ラジニーシはサニヤシンたちに、自らが「友人」であり、一宗教のリーダーではないことを繰り返し語った。89年1月には、ラジニーシはバグワン（「祝福された者」「神」）のタイトルを落とし、同年9月には名前のラジニーシも落とし、ただ「オショー（Osho)」と呼ばれるようになる。この言葉は、日本語の「和尚」から取られたわけだが、そこには権威主義的な意味合いや、組織的な上下関係が含まれないような配慮がはたらいていた。当然のことながら、「光明を得た」マスターとサニヤシンの間に、一般的な意味での友人関係が成立したわけではない。サニヤシンたちがラジニーシを覚者として崇敬し、彼にある程度コミットメントしていたことは否定できないであろう。だが、この時期のORMは、サニヤシンのグルへの無条件の服従や全面的にコミットメントする傾向を解消する方向に動いていったのである。

このように第2プーナ期のORMは、宗教の脱制度化の方向へ転換して

いった。また、サニヤシンたちはゆるやかなネットワークを重視するようになり、組織的な動きに警戒心をもつようになった。つまり、自らの掲げるニューエイジ的な理念にそれほど矛盾しない形で、ORM は展開していったのである。

(5) ポスト・ラジニーシ期(1990－現在) ── クライエント・カルトとしての発展

1990年1月19日、ラジニーシは心臓発作のため59歳で死去した。その後、ラジニーシに後継者はおらず、ORM は古参のサニヤシンが中心となって運営されている。一見したところ、ORM はラジニーシの死後も順調に機能しているように見える。新しいメンバーのイニシエーション、各国の瞑想センターの諸活動、ラジニーシの講話録の出版は、彼の死後も国際的な規模で展開しているからだ。

しかし、カリスマ的な指導者の死後、ORM のあり方が変容したのはいうまでもない。たとえばラジニーシが生きていた当時は、「サニヤス／イニシエーションを受ける」とは「彼の弟子になること」を意味していたが、彼の死後、その意味が変化した。オショー・アカデミー・オブ・イニシエーションが91年以降に発行する、サニヤシンの申込書にはつぎの文章が書かれている。

> 私はサニヤスとは単に瞑想にむかっていくことだと理解します。それは組織でも宗教でもありません。私は自分の人生と行為に対し自由であり、責任があるものと理解します。

このように、ポスト・ラジニーシ期におけるイニシエーションは、個々人が自分の人生に対する新たな決意をする機会としての意味合いが強くなっている。サニヤシンたちは、ラジニーシの死によって彼への排他的なコミットメントが弱まり、これまで以上に自己責任を重視し、自らの判断によって行動することを求められるようになったのである。

ポスト・ラジニーシ期の ORM は、「クライエント・カルト」(Stark and Bainbridge 1985:26) として理解できるだろう。すなわち、サービスの提供者はある程度の組織性をもつが、その受け手であるクライエント

II部　フィールドへの接近

（この場合、サニヤシン）は組織だっておらず、その関与も部分的で、他の宗教運動や組織にコミットメントしている場合もあるということだ。ラジニーシに対する特別な尊敬や愛着をもたず、自己の功利的な目的のためにセラピーや瞑想に参加する訪問者が今後とも増えていくと考えられる。

現在のアシュラム内の施設の様子

アシュラム内のカフェテリア
（写真提供：OSHO International, www.osho.com）

6 ニューエイジの理想と現実のはざまで

　本章の分析を通じて明らかになったことは、ORM はその歴史において、自らが掲げるニューエイジ的な理念と矛盾する反ニューエイジ的な傾向を少なからずはらんでいたことである。ラジニーシは首尾一貫して組織宗教を批判し、人間に内在するスピリチュアリティの追求の必要性を説いた。彼はグルと弟子との一対一の関係を強調したが、それはあくまでサニヤシンがより「自分自身になる」道を開くためのはずであった。ところが、その世界観を具体化するためのアシュラムや各種の活動のなかには、ラジニーシの教えと矛盾する内容もしばしばみられた。特にオレゴン期にはヒエラルキーをもつ中央集権的な宗教組織が確立し、その制度化も進行していった。ラジニーシ自身もその流れを容認する形で、ムーブメントは展開していったのである。また、ラジニーシの支持者にも、ともするとラジニーシを教祖として崇拝し、その教えを絶対的なものとして盲信する傾向がみられた。

　本章で考察したような、世界観や担い手の意識と、それを実現するための実践形態との間に矛盾が生じたり、それらの関係が歴史的に推移していくことは多くの宗教運動で共通してみられる現象であり、特に草創期の宗教ではその傾向が強いことが予想される。特定の宗教運動が、自らの理想を現実社会で具体化していく過程においては、多くの内在的、外在的要因が影響を与えるからだ。ORM の場合には、メンバー数の増加、ラジニーシの健康状態、一部側近の暴走、プーナやオレゴンの近隣住民との関係、担い手の国籍や社会背景などいくつもの要因が関与して、当初の理念とは矛盾する方向に運動が進んでいったと考えられる。しかし、ORM を含むニューエイジにおいてのみ特有の要因も関係しているように思われる。本章を締めくくるにあたって、ニューエイジの多くが抱えている、あるいは抱えることになるかも知れないジレンマを3つ指摘したい。

　第1のジレンマは、自らの瞬間、瞬間の行為が正しいかどうかを、既存の価値基準を使わずにいかに判断するのかという問題にかかわる。ニュー

エイジ思想は、「いま、ここ」を重視する態度をとるため、しばしば善悪の判断基準の相対化をもたらすことがある。ラジニーシが掲げる「何の価値観ももたずに、いま、ここで覚醒する」という主張は、特定の規律や倫理的基準を与えず、むしろそれらを否定する傾向にある。ということは、担い手たちがスピリチュアリティを追求する際に、具体的に「何をするのが正しいのか」に関する一定の見解は与えられず、物事に対するさまざまな解釈を容認する結果となってしまう。ORMの諸活動、特にオレゴン期の問題へのサニヤシンの批判力の欠如には、（社会的条件づけの結果である）既存の価値観に基づいて善悪を判断することへの躊躇が関連していたと思われる。元来は、社会からの拘束や罪悪感から個人を解放するために掲げられた「いま、ここを生きる」という理念も、特定の状況下においては逸脱的な行為を容認してしまう可能性を招くのである。

　第2のジレンマは、「本当の自分」になることが、結果的には特定集団が求める人間像を体現してしまう可能性のあることにかかわる。ニューエイジでは、「本当の自分」といっても千差万別な個人のありかたを容認しているわけではなく、反合理主義的で感性豊かな人間像を模索している場合が多い。しかし、このような理想の人間像が明確に言語化されていないため、また理性よりも感性を重んじ積極的な議論を肯定しないため、第3者によって行われる「本当の自分」かどうかの判定を、当事者たちが無批判に受け入れてしまう可能性が高い。たとえば、サニヤシンの場合、「本来の自分」になっているかどうかの判定基準を提供するのはほかならぬORM側であること、また場合によっては運営スタッフに操作されていることに気づかず、「自分自身になる」道を自発的に模索していると考えやすいのだ。換言すれば、「ありのままの自分」になる理想のもとに、特定の集団が求める人間像を受動的に受け入れてしまうことが、第2のジレンマである。

　第3のジレンマは、「個人の意識変容」を最優先させながら、いかに他者とかかわるかについての問題である。ラジニーシをはじめ多くのニューエイジ言説は、自己の聖性を強調し、もっぱら個人の意識変容やスピリチュ

アリティの開発に主眼をおく。ニューエイジは元来、「自分が変われば、世界が変わる」という自己と社会の同時変革を志向するが、現実的には「社会への無関心」を暗に肯定する思想ともいえる（前川 1998）。確かに、自然や宇宙との相互依存は語られても、家族や地域共同体とのかかわりについて言及されることはほとんどない。結果として、ORMのオレゴン期に見られたように、具体的な実践をする過程で、コミューン内外の問題に無関心だったり、近隣住民から孤立することもあり得るわけである。さらに、「自己の聖性」を掲げても、それが自力では達成できないときには、特定の指導者に自己実現のための指針を委ねることが避けられない場合もあるだろう。つまり、家族や共同体を切り離した個人の意識変容を希求するあまり、社会から孤立したり、社会へ無関心になったり、逆に特定の他者への排他的なコミットメントをすることは、ORMが直面し、ほかのニューエイジが抱える可能性のあるジレンマといえるだろう。

以上まとめたORMの事例研究が示唆する3つのジレンマは、どこまでニューエイジ全般に一般化できるのだろうか。多種多様な思想、実践の総体であるニューエイジのなかには、このような思想的ジレンマに直面しないネットワークや、これらのジレンマを巧みに解消するメカニズムを有する団体が数多く存在するかもしれない。また、同じ思想的ジレンマを抱えたとしても、ORMと同様の歴史的変遷をたどるとはかならずしもいえないだろう。しかし、「いま、ここ」や「本当の自分」や「個人の意識変容」の重視が、きわめて多くのニューエイジ運動で強調されていることも事実である。本章で示唆した3つのジレンマの有効性と適応範囲に関しては、今後の諸研究の成果を待つことにしたい。

注（1）ヒューマン・ポテンシャル運動は、人間性心理学の代表者であるカール・ロジャース、アブラハム・マズロー、フリップ・パールズらのアプローチや実存主義哲学、禅の影響を受けている（Stone 1976; Wallis 1985）。
（2）グループ・セラピー内での、ヌード、セックス、暴力はORMに対する評判を悪くしたため、80年代からは禁止されるようになった。

(3) オレゴン期における、コミューン内外での葛藤に対する社会心理学的分析として、Latkin（1992）が挙げられる。

5章　宗教の暴力性
―― 信者の心が揺れるとき ――

　オウム真理教による地下鉄サリン事件からちょうど10年前の1985年、ORMの本拠地アメリカ・オレゴンのコミューン内外で数々の問題が発覚した。そのなかには、幹部による近隣住民へのサルモネラ菌の散布、公共施設の放火、またコミューン内部での薬物による殺人未遂事件が含まれていた。本章では、ORMの犯罪が露呈した後もメンバーであり続けた人々の事件に対する意味解釈の特徴を究明する。筆者は、85年以降もムーブメントにとどまった日本人にインタビューし、彼らがラジニーシに対する信頼を失わないための2つの前提を見いだした。それらの前提とは、光明を得た「計り知れない」存在のする行為は自らの理解を超えているので判断できないという態度であり、もう1つはラジニーシのもとでの個人的体験のみを重視するという姿勢である。当事者たちにとって、一連の事件はラジニーシが与えた自己変容のためのレッスンとして把握されていたのである。

1　脱会しない信者へのアプローチ

　1960年代から70年代後半まで、欧米の宗教社会学において、新宗教への入信（conversion）のメカニズムを解明することはもっとも重要かつ主要な研究領域の1つとなっていた。60年代以降に数々の新宗教運動（New Religious Movements、以下NRMsとする）が発展し、一見奇異に見えるような集団に惹かれる人々を理解する試みがなされたのである。ところが80年代以降になると、その研究対象は信者の脱回心（deconversion）や脱会（disaffiliation）のプロセスに移行していく。そのおもな理由は、世間からは洗脳やマインド・コントロールを行っていると非難されることの

多い「逸脱的な」新宗教に入会した人たちでさえ、そのほとんどが数年以内に（ディプログラミングやカウンセリングを受けることもなく）自発的に脱会していることが明らかになってきたからである。

　たとえば、バーカーによるイギリスの統一教会セミナーに参加した人々に対する調査においても、脱会率の高さが指摘されている。当初2日間の泊りがけのワークショップに参加した1017人のうち、その後も7日間、21日間のセミナーを受講し、最終的に統一教会のメンバーになることに合意した人が13％、2年後にもメンバーであり続けた者は5％にすぎなかった（Barker 1984:146）。それ以外にも多くの調査が行われたが、NRMsからの脱会率の高さに関してはほとんどの研究者が一致するところである。

　ところで、このような欧米の研究動向をふまえた場合、これまで見すごされてきた重要な研究課題を改めて問い直す必要が生じる。それは、なぜ、どのようにして、一部の信者は脱会せずに信者であり続けるのかという問題である。オウム真理教をはじめとする、世間からは「カルト」として非難されるような新宗教にとどまる信者が存在する以上、たとえその割合が低いとはいえ、彼らの信仰の様相を理解することはきわめて重要だといえよう。

　本章では、社会から非難されるような犯罪行為が見つかった宗教において、一部のメンバーがどのように脱会せずにコミットメントを維持していくのかを扱いたい。ただし、本章では、そこに関与する社会学的、心理学的諸要因を抽出するのではなく、当事者たちが状況をどのように解釈し、秩序だて、理解可能なものとして自己の世界に取り込んでいるのかを主要な関心としたい。具体的には、ORM（Osho Rajneesh Movement）の本拠地アメリカ・オレゴンのコミューン内外でさまざまな暴力が露呈した事件を扱い、その渦中にいたメンバーの一連の出来事への解釈のあり方を考察する。以下では、まずORMのオレゴン共同体の状況を概観し、つぎに事件後に当事者がORMにとどまった理由を解明する。最後に、ORMの事例から浮かび上がった宗教的解釈のあり方の特質を考察して本論のテーマを深めていくことにする。

2　ORMのオレゴン期の状況説明

　本節では、ORMのオレゴン期（1982-1985）に起きた一連の事件とそこに至る経過を概観する。ここでは状況説明を、ムーブメントの内部にいた当事者の視点にできるだけ立脚して描くことにする（第3者的視点からの社会学的な状況説明に関しては本書4章5節を参照）。

　1982年にORMの本拠地がインド・プーナからアメリカ・オレゴンに移転して以来、ORMの形態が変化したことは当事者たちにとっては明らかだった。ORMの幹部たちは、アメリカの辺境の地にユートピア都市を築きあげる計画を打ちだすと、それに必要な資金を調達するため、世界各国の瞑想センターを訪れてコミューンへの寄付を強く求めてきたからだ。その当時、神戸でラジニーシ瞑想センターを運営していた杉本明夫さん（神戸在住、男性42歳、80年、28歳の時イニシエーション、以下すべて仮名、年齢はインタビュー当時とする）は、「あの時は急にお金とかの話が全面にでてきて、すごい変化だった」という。しかし、ORMの変貌に違和感を抱きつつ、「これは絶対に間違っているという自信はなかった」。大半の弟子たち（以下、サニヤシンと表記する）も同様の状況におかれていたようである。

　84年頃になると、各自が自由に運営していた瞑想センターを統合しようとする動きがでてくる。オレゴンから組織運営の中心スタッフが来日し、各地の瞑想センターを閉鎖するように要請した。その結果、東京にコミューンが誕生し、そこで約110名が個人財産を処分して共同生活をはじめる。また、その近隣のアパートにはさらに多くの人たちがまとまって暮らすようになる。このようなORMの組織化に異を唱えるサニヤシンも多く、このオレゴン期に半数近くの者はムーブメントから離れていった。

　日本のコミューンで生活する決断をした人々でさえ、ORMの新しい動向に全員が満足していたわけではない。榊原純子さん（東京在住、女性36歳、80年、22歳の時イニシエーション）は、東京のコミューンで日本人同士が英語での会話を強いられ、さらに世界中のサニヤシンの意識をそろえるためにオレゴン共同体と同一の献立の食事を毎日することに関して「幼稚

でおかしい」と感じていたという。当事者たちは、オレゴン期の状況に対して戸惑いを感じていたのだ。

　85年9月になると、ラジニーシの個人秘書でありORMの事実上の指導者であったシーラと10数人のスタッフが突然コミューンを去っていったというニュースが広がった。そして、彼女たちが起こしたコミューン内外の問題が露呈していく。シーラの住居の地下室からサルモネラ菌培養の実験設備が見つかり、またコミューンのレストランや、ラジニーシや彼の世話人の部屋から盗聴器が発見された。彼らがユートピアと信じた社会は、瞬時に幻想と化したのである。

　シーラらがコミューンを離れた直後にFBIが介入した捜査が行われた結果、ORM幹部のコミューン内外での不法行為が次々と明らかになる。犯罪行為には、近隣レストランのサラダ・バーへの有害物質サルモネラ菌の混入とそれによる住民約750名の食中毒（45名が入院）、コミューンに不利な証拠を隠滅するための公共施設の放火、ORMの資産5500万ドルの横領、ラジニーシの主治医デバラジのヒ素服用による殺人未遂などが含まれていた（Carter 1990:222-28）。その当時、オレゴン共同体にいた者、東京のコミューンに住んでいた者、一般の社会生活を送っていた者を問わず、このニュースがサニヤシン全員を驚かせたことはいうまでもない。

　サニヤシンたちのなかには、ラジニーシの側近たちは意識レベルが高く、悟りに近い存在として捉えていた者も少なくなかった。だが、一旦事件が露呈した後では、ORM幹部を自分たちと同様の等身大の人間として扱うようになる。幹部たちの犯罪は、「瞑想もせずに権力を手中におさめることに夢中だったため」、「ラジニーシの後継者になるため」、あるいは「莫大な金に目が眩んだため」に犯したものとして理解された。

　シーラたちの逃亡から約1ヵ月後の85年10月29日に、今度はラジニーシが新しいスタッフとともに国外逃亡を試み、給油先のノースキャロライナ・シャーロット空港で逮捕されるニュースが伝わる。司法取引の結果として、ラジニーシは、告訴されていた34の罪状のうち移民管理局への偽証に関する2つの罪を認めることなどを条件に釈放され、11月14日にアメリカを去っ

5章　宗教の暴力性

ラジニーシプーラムにて定期的な記者
発表をするシーラ（The Oregonian より）

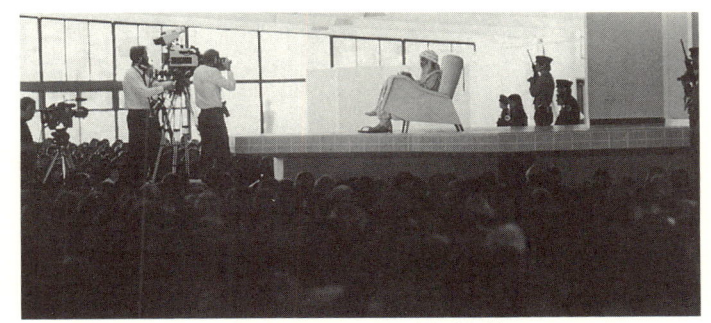

1985年秋、シーラらが去ったあと、講話を続けるラジニーシ
（Gordon 1987 より）

手錠をはめて護送されるラジニーシ
（The Oregonian より）

た。ところが、ラジニーシが逮捕されても、サニヤシンたちは彼に対して疑いを抱くということはなかった。金子茜さん（名古屋在住、女性34歳、80年、21歳の時イニシエーション）はラジニーシの逮捕を知っても、彼を疑うことは「まったくなかった」と答える。サニヤシンになってから、「和尚に対する信頼が深まることはあってもその逆はないのね。というか、自分にとっては和尚を疑うということがどういうことなのかよく分からない」と語ってくれた。このように、ORMにとどまった半数近くのサニヤシンたちは、幹部に対するのとはまったく異なった反応をラジニーシに対して示していた。

　86年以降、サニヤシンたちはラジニーシが戻ったプーナ・アシュラムを訪れ、彼が亡くなる90年まで移りゆくムーブメントの変化に対応していった。この時期、ラジニーシはアメリカ政府を繰り返し非難し、彼の逮捕はオレゴン共同体を解体させるという唯一の目的のために行われたものだと主張した。また、ラジニーシは逮捕後、オクラホマの刑務所で放射能を浴びせられ、また有毒なタリウムを飲まされた可能性があると訴えた。彼が主張する逮捕や刑務所での真相は、ほとんどのインフォーマントに真実として受け入れられることになる。ラジニーシの死後、インド・プーナや世界各地でORMは新しい展開をしていくが、それにつれてオレゴン共同体の崩壊とそれにかかわる一連の事件は、遠い過去の出来事となっていった。

3　ラジニーシへの信頼を支える2つの理由

　オレゴン共同体での一連の事件をきっかけとして、なぜ当事者たちはラジニーシに対する信頼を失うことがなかったのだろうか。組織や幹部への不信感は、宗教からの脱会のきっかけとなりうるが（Jacobs 1987）、これまで見てきたように、サニヤシンたちは、組織を疑いつつラジニーシを信頼するという状態にとどまり続けている者が多い。

　ラジニーシへの信頼を失う根拠は十分あるように思われる。ORM幹部が行った犯罪にラジニーシも関与していた、また関与していないとしても、

幹部たちが行っていることを知っていた可能性は十分ある。そもそも、シーラを個人秘書に任命したのは、ほかならぬラジニーシ自身である。「光明(こうみょう)を得た」マスターがもっとも身近にいる人間の犯罪を予期したり、そのような行為に至らないようにガイダンスを与えることはできなかったのだろうか。これらの疑問は、一般社会の常識からすると当然投げかけられるはずのものである。ラジニーシは一貫してスタッフの犯罪行為に一切関与していないこと、そのことをまったく知らなかったこと、さらに「光明を得ている」というのは個人の意識レベルの現象であり、特定の人間の犯罪を予期することや未来を予言できることとはまったく関係ないことを強調した。では、サニヤシンたちはどのように理解したのだろうか。

まずは、植田治代さん（神戸在住、女性37歳、81年、23歳の時イニシエーション）の発言を検討してみたい（注1）。彼女の言葉にはほかのインフォーマントたちとのインタビューのなかでも語られた、ラジニーシを疑わない2つの根本的な前提があるからだ。

> その当時、なんで和尚が、シーラとかラジニーシプーラム［オレゴン共同体］でやってることをそのままのさばらしていたんだろうと、いろいろ考えてみたことはあるよ。……わざとやらせたのか、一緒にやったのか、全然知らなかったのか……。本当にどうだったんだろう？
>
> でも、本当のことは分からない。悟った人のことは分からない。悟ることと現実のことで頭がまわるの違うし……分かっててそのままさせたとも考えられる。後でうまいこと言うこともできるし、それはなんとでも考えられる。
>
> でも、そんなことは私にとっては重要じゃないのね。だから「サニヤシン辞めます」とか、だから「和尚はひどい人」とか、そんなふうには全然思わないなー。最初にサニヤシンになったときから、弟子になるときから、自分の個人的なものに深くかかわってることだから。和尚という人物にそれなりに興味はあるけど、それでどーこーなるものではない気がする。でも、和尚が言ってたことで私は影響受けて変わったわけやし、そのことで十分な気がする。そういうの考えると、

II部　フィールドへの接近

「私も深いところで（和尚と）つながってるなー」と思う。

彼女の発言のなかには、ほかのサニヤシンとも共通するラジニーシに対する信頼を失わないための2つの理由があるように思われる。この相互に関連する2つの前提とは、光明を得た存在のする行為は自らの理解を超えているので判断できないという態度であり、もう1つはラジニーシのもとでの個人的体験のみを重視するという姿勢である(注2)。これら2点に関して、以下で考察していくことにしたい。

(1) 光明を得たラジニーシの存在

ラジニーシを疑わない第1の理由は、彼は光明を得たマスターであり、自分の判断を当てはめることのできない「計り知れない」存在であるという態度である。古沢浩さん（京都在住、男性44歳、81年、27歳の時イニシエーション）はつぎのように述べている。

> （和尚の逮捕に）衝撃とかあまり受けていない。……和尚を疑ったりしたことあるけど、本質的な信頼が揺らいだりしたことはないね。エンライトした［光明を得た］人のやっていることは、こっちには分からないというのもあるし。基本的に和尚が何を言おうが、何をやろうが、すべてはこちらのためにやってくれているという信頼は変わらないね、最初に和尚のラブを感じたときから。

彼のいう「エンライトした人のやっていることは、こっちには分からない」という態度はほとんどすべてのインフォーマントに共通する態度であった。また、「最初に和尚のラブを感じたときから」ラジニーシへの信頼があったというマスターへの強い感情的絆がともなっていることも、多くのサニヤシンが共有する感覚だ。同様の見解を、高橋めぐみさん（宮城県在住、女性37歳、84年、27歳の時イニシエーション）はさらに詳しく語ってくれた。

> （和尚に対する不信は？）そういうふうに感じた記憶はないのね。彼を生きている1人の人間としては見ていないもの。私にとっては同じ人間とは思えない。私たちを超えてて計り知れない……いろいろ事件

があっても、知っている人や友達を思うように現実的に感じていないし、見ていないのね。(和尚は)私の考えたり感じたりする次元を超えてるから。……たとえば、同等ぐらいの人だと自分が思ってれば、「これはおかしいんじゃないか」とか、「ここはすばらしいな」とかいう意見のようなものが自分のなかに出てくるけど、私にとっては(和尚は)そこを超えてしまってるから。

　高橋さんが明瞭に語ってくれたように、サニヤシンたちは、ラジニーシが光明を得たマスターであるという揺るぎない確信をもっている。そして、悟った人間を一般人が判断できないというロジックが生まれるのだ。彼女が述べたように、サニヤシンたちも一般の人たちに関しては常識的な判断をくだす。ORM幹部の犯罪にも常識が当てはめられた。しかし、それが悟った人となると、自分たちの経験や価値観から判断せず、それらを超えた何かをしようとしていた可能性を考慮してしまうのである。

　このようなラジニーシを「計り知れない」存在として捉える態度は、ラジニーシの講話から多大な影響を受けているものと考えられる。ラジニーシは、1970年代初頭から一貫して、弟子たちが悟った人間の行為を一般常識や先入観で判断することを戒めている。たとえば、悟った人はタバコを吸わないとか、性欲をもたないというのは、自らが経験したことのない境地を通常の判断に引き下げたり、美化したりした結果だと述べている。したがって、インフォーマントたちの見解は、事件後はじめて頭に浮かんだ考えでもないし、また彼らのオリジナルなアイデアでもない。しかし、当事者自身にとっては、ORMでの経験を通じて体得した、サニヤシンの存在理由にかかわる態度なのである。

(2) 自己変容の重視、あるいは他者への無関心

　第1の根拠と密接にかかわる第2の理由は、サニヤシンたちが自己の意識変容を最優先し、それにかかわる貴重な体験をラジニーシのもとでしていることである。こうした個人的体験が、この事件によって揺らぐことのないラジニーシに対する信頼の基盤になっているようだ。たとえば、佐藤

健さん（東京在住、男性40歳、83年、28歳の時イニシエーション）は、つぎのように述べている。

　　（ラジニーシに対する不信はありませんでしたか？）それはまったくなかった。外部の人たちと違って、内部で実際に体験して学んでることが多かったので、そういうのは全然なかった。外部の人たちは、シーラがやったか、和尚がやったかという事実関係に終始する以外ないわけじゃない？

　　（この時期、内部でやめた人も多いと聞きますが？）……うーん、それはそうだろうね。でもそれ以降も（事件の）影響を受けなかった人というのは、自分も含めて和尚のもとで体験してるものがあるからね。

佐藤さんは、ラジニーシを離れていった人たちと自分を含めてサニヤシンを辞めなかった人たちとの違いは、体験したことの大きさであると示唆しているように思われる。

　当事者たちは、イニシエーションを受ける以前に、数ヵ月間にわたるORMでの瞑想やグループ・セラピーへの参加を経験している。そのなかでの意識変容の体験は、弟子となる決断をするきわめて重要なきっかけとなり、またその後サニヤシンとしてのアイデンティティを維持、発展させていくための原動力になっている（詳しくは、本書6章4節参照）。こうしたスピリチュアルな体験は、そこへの道案内をしてくれたラジニーシへの感情的絆を強め、彼へのさらなる信頼の基盤となっているのだろう。

　当事者たちの意味世界では、彼らとラジニーシとの一対一の関係性に力点をおき、それを通じて、自分の内面に何が起こったのかがきわめて重要な指標となっている。しかし、このような他者への無関心な態度は、一般社会からすると脅威でもある。ある男性サニヤシンは、ORM幹部の犯罪に関して「（サルモネラ菌の散布や公共施設の放火で）死者がでたわけではないから」という発言をしていた。死者がでるような事態であれば、サニヤシンを辞めていたかもしれないという論理である。だが、もし近隣住民が死亡するという事態になっていたとしても、当事者たちの論理を使えばサニヤシンとしてのあり方を否定することにはならなかったかもしれない。

なぜなら、当事者たちの個的なレベルにおいては自己変容したわけだし、事件のことは自分と関係ないからだ。一旦、スピリチュアルな自己変容を重視し、それを手助けするラジニーシの光明を得た存在を受容するようになると、社会的犯罪そのものよりも、それを通じて何を学ぶのかが重要な価値観となるのである。

4　宗教的解釈のあり方の特質

本節では、サニヤシンたちがオレゴン期の事件を、理解可能で有意義な出来事として再解釈するメカニズムを究明したい。この課題にもっとも密接にかかわるのは、1950年代に社会心理学者のフェスティンガーらによってはじまった、予言が成就しなかったときに信者の信念体系にどのような変化が生じるのかを扱った諸研究である。まずは、この一連の研究を詳しく概観しよう。

(1) ユートピア社会が幻想と化したとき

いまや古典となった『予言がはずれるとき』においてフェスティンガーらは、「予言がはずれると、信者は入信している宗教をより強固に信じ、より熱心に勧誘活動をするようになる」という社会心理学的仮説をたて、それを実証するような事例を提出した（Festinger et al. 1956＝1995）。対象となった集団は、自動手記によって宇宙の守護霊からメッセージを受け取るキーチ夫人とオカルトに関心をもつ大学教員のアームストロング博士を中心とする約10名のグループである。彼らは、キーチ夫人が受け取ったメッセージ、すなわち特定の日時にアメリカ大陸に大洪水が起こり、それに先立って自分たちが空飛ぶ円盤により救出されるという予言を信じ、その内容をマスコミに発表したり、大洪水に備えて数々の準備をしたりする。結局、予言がはずれると、以前より熱心に信仰し、新たな信者獲得を試みていたのである。

『予言がはずれるとき』で検証された仮説は、フェスティンガーの認知

的不協和理論に依拠している。彼によれば、認知的要素Aが他方の認知的要素Bに論理的あるいは心理的に帰結しないときに、それらは互いに不協和の関係にあり、当事者は心理的に不快な状態になる。そこでより調和のとれた協和の関係に近づけるための動機づけがなされる。たとえば、予言がはずれたという事実は否定しがたく、また自らの抱く強固な信念を放棄することも出来ない状況は、当事者に認知的不協和な状況をもたらすことになる。この場合、「予言ははずれた」という認知的要素Aと、「自分は予言を信じる」という認知的要素Bは不協和にあり、その不協和を解消するためには当事者が予言を信じるのをやめる（認知的要素Bを緩和）のがてっとり早い。だが、それが困難なくらい当該集団へコミットメントしている場合には、自分と同じ価値観をもつ多くの信者を新たに獲得する（認知的要素Aを軽減する）必要があるという。

　フェスティンガーらの研究は、現代でも十分通用する理論枠組みと徹底した調査に基づく事例として高く評価できるだろう。しかし、この研究成果に関していくつかの批判がされている。そのなかでも本論との関連で重要な問題は、メルトンによる批判である。メルトンは、「宗教集団内では、予言がはずれることはほとんどない」（Melton 1985:20）と述べ、フェスティンガーらが重要なポイントを見失っていると指摘する。すなわち、彼らの調査は、当事者たちの状況解釈とは異なる部外者の視点に立脚して、研究者にとっての論理的な行為や理性的な判断の基準を特定の宗教集団に対して当てはめている、とメルトンは論じる。

　メルトンは、部外者にとってははずれたと考えられる予言を当事者たちは成就したと解釈する傾向を「スピリチュアル化（spiritualization）」と呼ぶ。当事者たちは、予言がはずれたときにはいつでも成就しなかった要素を除外しようとする。そして当初は目に見える、反証可能なはずの予言の出来事は、目に見えない、スピリチュアルな反証不可能な内的出来事として当事者に成就されたと主張されるという。

　メルトンの批判は、『予言がはずれるとき』においての研究視座に対するものであり、認知的不協和理論そのものへの批判ではない。先の例でい

うと、「予言がはずれた」という認知的要素Aをスピリチュアル化して、「予言が成就した」ことになれば認知的不協和は解消されるからだ。実際、フェスティンガーらは同書のなかで、行為者の状況の再解釈に対して注意をはらっていないが、一度のみならず複数の予言がはずれ続けた後で、当事者たちがそのたびに状況を再解釈していく様子を描いている。

　たとえば、当該宗教集団の予言者であるキーチ夫人は、来るべき日に訪れる大洪水に先立ち、空飛ぶ円盤がハイウェイに着陸する予言をするが、それがはずれた後には円盤は交通渋滞を避けるために着陸を見合わせたのだと解釈される（1956＝1995:64）。また、宇宙人がキーチ夫人宅を訪問するのをメンバーたちが待っていて徒労に終わったときには、それが最終的な終末に緊迫感をもって準備させるための予言であったと再解釈されている（1995:184）。そして最終的な大洪水の前に円盤から集団のメンバーを迎えに来るという予言が成就されなかったときにも、夜を徹して待ち続けたキーチ夫人らのグループが「大いなる光を放っていたので、神がこの世を破壊から救ってくれた」とスピリチュアル化されている（1995:217）。この予言が回避されたという解釈によってひとりのメンバーはグループを去るが、残りの者はそのメッセージを熱狂的に受け入れる。つまり、『予言がはずれるとき』のなかで注目されなかった視点をメルトンは強調したわけである。

　以上で概観した、予言の失敗とそれにともなう信者の行為の変化に関する一連の研究は、ORMの事件に対するサニヤシンの態度を理解する手がかりともなる。オレゴン共同体では特定の日時に起こる予言があったわけではないが、ユートピア社会の実現という理想が崩れたことは事実である。以下では、当事者たちがどのように状況の再解釈を行ったのかをみていくことにしたい。

(2) ラジニーシの隠された意図を探して

　ラジニーシのすること、考えていることは自分たちには「計り知れない」としながらも、サニヤシンたちはオレゴン共同体内外での事件の意義につ

II部　フィールドへの接近

いては明確な見解をもっていた。そこでは、基本的にラジニーシはORMの組織幹部の犯罪行為を黙認していたという前提に立った解釈が行われていた。増田雄一さん（仙台在住、男性39歳、82年、27歳の時イニシエーション）の具体的見解をみてみたい。

　　（コミューンが崩壊して和尚への不信はなかったのですか？）全然なかった。全然なかった。何をやろうと、何かのためになるんだろうと思っていたから。人類のためになる何かを。……和尚という人がでて、何千年も彼の教えは続くだろうから。サニヤシンを集めて、「こんなのは違うんだよ」とひっくり返したわけ。だから教えなんだろうと思った。「俺があれほど言ったのに、誰の言うことも聞くなよと、あれほど言ったのに、お前たちはこんなに愚かなんだよ」というの見せたわけだから、疑いとかはなかった。

増田さんは、ORM幹部が関与した一連の事件をラジニーシが黙認したのは、当時のサニヤシン全般の従順な態度を戒めるためであると捉えていたようだ。彼によれば、ラジニーシはサニヤシンたちが誰かに従順になることなく、組織宗教を作ることなく、自らの直感に基づき物事を批判する態度を学ぶ機会を与えるために、意図的にORM幹部の犯罪行為を放任したということになる。

　また前出の金子茜さんは、基本的に同じ立場にあり、さらにより個人的な教訓として理解している。

　　（コミューンの崩壊によるショックはありませんでしたか？）ショックだったけど、すっごく自分しか頼りにならないし、自分たちの責任だと思った。シーラだけでなく……あれほど、和尚が言っていたにもかかわらず、自分たちの盲目性っていうかさ、そこに宗教つくっちゃったりとかさ、誰かに従うとかさ。そういうアウェアネス［気づき］のなさとかがあったと思う。……自分も実際に東京のコミューンにいたおかげで、いろんなことを経験できた。

先程の増田さん同様、彼女はオレゴンでの一連の事件をきっかけとして自己責任の重要性や、宗教的な盲目性に気づいたという。

メルトンに従えば、ユートピア社会の崩壊は、サニヤシンたちの気づきを高め、自己変容を促進させてくれる意義ある出来事として再解釈されたのだ。換言すれば、ORM にとどまり続ける当事者にとって、ユートピアの実現は、特定の場所ではなくサニヤシンたちの内面的な問題であるというスピリチュアル化が行われ、オレゴン共同体での実験は成功したと解釈されるに至ったのである (注3)。

しかし、ORM の一連の事件に対して、このようなスピリチュアル化をしなければ脱会の危機にさらされることになる。ラジニーシに変わらぬ信頼を寄せるサニヤシンをより良く理解するために、ORM を離れた近藤さんのケースを補足的に取り扱いたい (注4)。

(3) スピリチュアル化が行われないとき

近藤達男さんは、大学を卒業後、1979年3月、24歳の時にインド・プーナでラジニーシの弟子となる。その後、約4年間ラジニーシの世界に深くかかわるが、次第に幻滅していく。特定の出来事がきっかけというわけでなく、ORM やラジニーシへの漠然とした疑問が膨れあがっていったという。彼は最終的に83年に ORM を離れるが、感情的絆を取り去るのにはきわめて長い時間がかかったようである。

> （サニヤシンであった頃から）失望はすでにしていて、段々、徐々に「これは愚かだったなあ」という感じになったわけです。……でも、（ラジニーシとのかかわりを）きっぱりと否定できない。自分をきっぱり否定しちゃうことができないんですね。「まちがいだった、じゃー辞めよー」というのはその間の何年間かの自分を否定することですからね。何とか自分を100パーセント否定しないような形にしようとするんじゃないでしょうか。だから引きずっちゃう。

近藤さんがラジニーシとのかかわりを明確にできたのは、ORM を離れて実に12年後のことである。彼は、フリーライターをめざしノン・フィクションの題材として自分の半生をまとめた。その手記を書くことで「ある意味初めてきれいに取り出せた」という近藤さんのラジニーシ解釈は、

ORMにとどまった人々の解釈のあり方を理解する手助けとなるだろう。

　笑われるかもしれないですけど、今でもラジニーシは何なのかというのは明確には分からないです。やっぱり普通のレベルを超えた頭脳なり、とんでもないレベルの洞察力をもっている、というのはあるのかなあという気はします。その当時は「だからこの人はすばらしい」「だからこの人はみんなを導いてくれるぞ」というふうに思っていたんです。サラリーマンやっている12年間がすぎていくと、確かに能力的にはすごい人かもしれないけど、だからといって、善人ではないと。……どれだけ覚醒した頭脳になったとしても、見渡すことができるようになったとしても、だからといって、エゴイスティックなものがなくなるわけじゃないと受け取っています。

　ラジニーシが平均を超えた何らかのものをつかんでいるということを否定はしないです。……僕はそれは才能の一部であると思います。非常に天才的な画家が、普通の人が描けないような世界を描ける、天才的な作家が表現力がすばらしいとか、そういうある種の天才的な部分がやっぱりラジニーシにはあると思います。だから尊敬して弟子になって良いかというと、違うんだということですよね。

近藤さんは手記をまとめながら自問自答を続け、はじめて言葉にできたのが「覚者であるかもしれないけど善ではない」という表現だったという。

　近藤さんのコメントがORMにとどまるサニヤシンと異なるのは、ラジニーシの卓越性を認めつつ、またセラピーや瞑想の効果を認識しつつも、彼のもとで行われている出来事がかならずしも正しいという判断をしていないことである。彼は、ラジニーシの卓越した洞察力とそこでの実践形態の正当性を峻別し、後者については特別の解釈をすることを留保している。こうしてみると、ORMにとどまるかどうかの1つの分岐点は、ラジニーシや彼の共同体で行われていることに対して、スピリチュアル化をするかどうかにあるといえるだろう。

5　世俗と宗教世界を分ける解釈のあり方

　本章で考察の対象となったような、突然の予想外の出来事への直面やそれに対する衝撃は、ORMのメンバーにかぎらず、一般の人たちも経験する可能性がある。一般社会においても、全幅の信頼を寄せていた相手や集団から裏切りを受けることは少なからず存在するからだ。たとえば、学問的にも人間的にも尊敬していた大学の指導教官がセクハラ行為で訴えられたり、人望の篤い職場の上司が横領で逮捕されたり、愛し合っていると信頼していたパートナーの浮気が発覚したなど、当事者にとって愛着をもつ対象に失望させられることは、自己のアイデンティティを根底から揺るがす可能性のある経験といえるだろう。そのような場合、予想外の出来事に対していろいろと思いをめぐらし、なんとか納得のいく解釈を試みるはずである。

　ライト（Wright 1991）は、宗教からの脱会とパートナーとの離婚を、ともに現代社会では特異な排他的なコミットメントからの離脱と捉え、両者の違いを分析している。離婚する際に当事者が経験する強い感情的絆の喪失感、熱烈なコミットメントの失敗にともなう幻滅、それらとともに味わう敗北感や混乱、苦悩、怒り、フラストレーションは、宗教からの脱会のときに生じる感情と共通するという。また、離婚を決意するまでの躊躇や、離婚後にたどる社会生活への再適応のプロセスも、宗教からの脱会プロセスと酷似していると指摘する。以上の考察の結果、ライトは、脱会も離婚もともに当事者にとっては心的葛藤をもたらす現象であり、そこに質的差異はないと結論づけている。

　しかしながら、筆者は、宗教からの脱会と離婚のプロセスでは根本的に異なる点があると捉えている。それは、両者の状況において用いられる解釈のあり方である。宗教世界において、当事者が状況に適用する解釈のあり方は、スピリチュアル化という反証不可能な次元での解釈や、自己への内省的なまなざしをしばしばともなう。この点で、世俗と宗教世界は一線を画することになる。先程の例を使うと、一般社会においても、セクハラ

教授や横領で逮捕された上司や浮気した夫／妻の心情を考え同情することや、彼らの心理的葛藤を思いはかり感情移入することはあるかもしれない。しかし、彼らがセクハラや横領や浮気をすることによって、当事者自身に向かって、性への偏見や金銭への執着やパートナーへの過度の依存に気づかせようとこれらの行為を意図的に企てたとは一般に解釈しないだろう。

だが、これまで考察してきたように、宗教的世界では一般常識を超えたスピリチュアル化が行われる場合が多い。その際、まなざしは自己に向けられることがしばしばある。たとえば、オウム真理教の早川紀代秀被告の公判に証人として出廷した元モスクワ支部幹部の大内利裕被告は、1990年の総選挙で麻原が落選した際に「票がすり替えられた」という理由を自らが考えだしたと述べている。また、予言がはずれたことを取り繕う説明を、麻原が側近たちに考えさせることがしばしばあったと証言している。しかし大内は、教祖への帰依心が揺らぐことはなかったと述べ、その理由として「グルがわざわざはずれる予言を出して弟子の帰依の状態を試したのかもしれない」という思いのあったことを挙げている（『朝日新聞』1998.11.27 朝刊）。このように、対象が自らの理解を超えた存在であると認識し、当事者すら気づかぬ潜在的資質を引きだそうとしてくれていると捉えた場合、通常の判断は留保されることになる。

このような自己の外側の問題を自己のものとして、一見否定的な事柄を肯定的に捉えて自己変容の契機とすることは、認知的不協和理論の枠組みにとどまらず、また予言がはずれた後にはじめて起こるスピリチュアル化よりも広い。ORMにかぎらず宗教という領域では、世俗的な事象を内面的な問題に結びつける傾向が少なからずあるからだ。このような内省的で反証不可能な解釈のあり方は、宗教に独特の特徴であり、人間的成長を促す契機ともなる。だが、「逸脱的」行為が露呈した状況においては、宗教の存在理由ともいうべき解釈のあり方が、諸刃の剣となってしまうことが本章の考察により明らかとなったのである。

注（1）筆者は、1994年以降行っているインタビュー調査の一環として、オレゴン期に起こった事件への反応も聞いた（インタビューの詳しい手順については6章1節参照）。この時期にすでにサニヤシンであったものは男性12名、女性7名の計19名で、そのうち7名が東京のコミューンで生活していた。また、9名がオレゴン共同体で3ヶ月以上暮らした経験をもっていた。聞き取りでは、ORMへの異なるコミットメントと事件への反応の質的差異は見いだせなかった。

（2）前川（2000）は、オウム真理教の信者と元信者にインタビューし、これらと類似する理解を示している。

（3）このような意義ある体験をしたという感情は、日本人のみでなくアメリカ人サニヤシンにも当てはまった。オレゴン共同体で暮らした経験のある信者231名へのアンケート調査を実施したところ、約5割の人たちが、シーラの犯罪をラジニーシが知っていたかどうかについて「分からない」と答えている。しかし、「共同体での生活で自分は多くのことを学んだ」「共同体で生活したことを非常にうれしく感じる」というそれぞれの設問に98％以上の人たちが同意している（Latkin et. al 1994:68）。

（4）近藤達男さん（仮名）とのインタビューは、「現代人の生き方」調査の一環として1998年10月25日に東京・池袋にて島薗進氏とともに実施した。

6章　イニシエーション前後の価値観の変化
── 当事者への聞き取り調査から ──

　本章の目的は、和尚ラジニーシ・ムーブメントに参加する日本人がどのような過程を経てイニシエーションを受けるに至るのか、またその過程に関与する要因が何であるのかを究明することにある。以上の目的のため、筆者は日本の7都市において35名のメンバーへの聞き取り調査をした。この章では、当事者が、1）ORMに出会う以前の背景的要因と、2）ORMと具体的な相互交流をする状況的要因に分けて論じ、ORMの担い手たちの内面世界に迫りたい。

1　当事者の内面世界へのアプローチ

　1960年代後半以降、アメリカをはじめとする欧米諸国では数多くの宗教が出現し、それらは総称して新宗教運動と呼ばれるようになる。新宗教運動の特徴の1つは、そのなかに東洋の宗教的伝統の影響を受けたものが多くみられたことである。また、ORM（和尚ラジニーシ・ムーブメント）をはじめとする大半の運動は、その信者が比較的裕福な家庭に育った、教育程度の高い30歳前後の若者であるという共通点をもっていた。

　日本においても、新しい宗教現象が1970年代以降みられるようになってきている。まず、若者が新宗教へ入会する割合が増加しはじめ、また入会の動機も、以前の貧しさや病気や争いからの解放とともに、空しさからの救いや神秘体験への興味が挙げられるようになってきた（島薗 1992）。さらに80年代以降になると、教団という明確な組織形態はとらないが、「個人の意識変容」を掲げる宗教文化が定着し、「精神世界」の本のコーナーがそのシンボリックな空間となっている（本書1章参照）。このコーナーに

6章　イニシエーション前後の価値観の変化

はラジニーシの講話録も多数おかれている。

　本章の目的は、先進資本主義諸国で広まった宗教文化にかかわる人々の内面世界を理解することである。具体的には、ORM を事例として取り上げ、そこに参加する人々がイニシエーションを受けるに至るまでの過程を究明する。ORM は、欧米に広がった代表的な新宗教運動の 1 つであり、また日本の「精神世界」においても過去20年以上にわたり重要な位置を占めている。それゆえ、この事例研究を通じて、入信プロセス一般に関与している諸要因を理解する手がかりが得られる可能性は大きい。また ORM が広がった現代社会とそこで生活する人々の社会意識に関しても、何らかの示唆が得られるのではないかという期待を抱きつつ、ORM の当事者の内面世界に迫っていきたい。

　本研究では、日本人サニヤシンの価値観の変容を理解するために、インタビューを主要な方法とした。まず 3 ヵ所の瞑想センターの代表者や、筆者が研究の過程で個人的に知り合った人たちの協力をえて、約120名のインタビュー候補者のリストを作成した。そのなかから、男女比、イニシエーションを受けた時期、コミットメントの度合、および地域性の偏りがないよう配慮し、1980年から93年までにイニシエーションを受けた男性21名、女性14名の計35名を調査対象にした。インタビューは、93年12月から94年 4 月、94年 9 月、95年 8 月の期間に仙台、東京、横浜、名古屋、京都、大阪、神戸の 7 都市で行った。インタビューの対象者は26歳から44歳までの男女で、35人中24人が大卒、イニシエーションを受けた年齢は10代 2 名、20代28名、30代 5 名である。

　インタビューでは、インフォーマントの生活史を幼少の頃から年代順に質問しながら、ラジニーシに出会う以前の価値観や興味対象から、現在のORM とのかかわりに至るまでを詳細に聞いた。その際、単にサニヤシンの自己報告におわらぬように、客観的な事実確認もできるかぎりするよう留意した。インタビューは、一人につき 2 〜 6 時間行い、会話はテープに録音した。調査の終了後、録音したテープの主要な内容を書きおこし、35名の個人ファイルを作成した。個人ファイルを繰り返し読むことにより、

またインタビュー終了後もインフォーマントのライフスタイルや価値観の変化を追跡調査することにより、サニヤシンたちの入信プロセスの分析を進めていったのである。

　筆者は、サニヤシンがイニシエーションを受けるに至るさまざまな要因を独自に分類していったが、それらの項目はロフランド＝スターク・モデル（Lofland and Stark Model、以下、L-Sモデルとする）の提示する7つの条件にほぼ集約されることが分かった。3章3節ですでに概観したL-Sモデルは、ある個人が入信に至るまでに必要かつ全体で十分となる7つの累積する要因をまとめている。その条件とは、ある人が

　　1）持続的な、激しい緊張を経験したことがあり、2）その問題を宗教的なパースペクティブ（観点）により解釈しようとする傾向があること、3）その試行錯誤の過程で自らを宗教的な探求者と位置づけて行動することである。さらに、4）人生の転機で入会する宗教と出会い、5）その集団内の一人以上の信者と感情的な絆が形成され（もしくは前もって存在し）、6）その宗教以外の人たちとの愛着は存在しないか弱まり、7）正真正銘の信者となるためには、メンバーと集中的に相互交流をする必要がある

というものである（Lofland and Stark 1965:874）。

　本章ではL-Sモデルを基本的な準拠枠とし、サニヤシンとなった人たちがこのモデルが示す7つの条件を1つずつ満たしながら、最終的にイニシエーションを受けるに至るプロセスを記述していく（このモデルの理論的・実証的な有効性についての議論は本書3章を参照）。その際、ORMに特有の要因がある場合には、L-Sモデルを適宜補いつつ論じていくことにする。L-Sモデルというスタンダードなレンズを用いることによって、逆にその枠組みでは把握できないORMの特異性が浮かびあがってくるはずである。次節では、サニヤシンがORMと出会う以前の背景的な要因を考察していくことにしたい。なお、本文中の名前はすべて仮名とし、年齢はインタビュー当時のものを記載する。

2　入信プロセスⅠ —— 背景的な状況 ——

(1) 悩　み

　L‐Sモデルによれば、入信への第1の必要条件は、入信者が人生の一時期に激しい緊張（tension）を経験していることである。緊張、すなわち悩みの原因として、貧しさ、病気、あるいは人間関係から派生した問題などが考えられる。個人がどのような種類の悩みをもつかは、担い手の性格や社会的属性に加え、当事者が育った時代背景も密接に関連している。サニヤシンたちの大半は大卒の教育歴と中流の中ないし上の経済的背景をもつ。また、イニシエーションを受けた年齢は、20代後半から30代前半に集中している。彼らがORMに出会う前に、どのような悩みを抱えていたのかを以下で検討していきたい。

　金子茜さん（名古屋在住、女性34歳、80年、21歳の時イニシエーション）が人生に疑問をもちはじめたのは、13歳の時だった。それまでは生徒会で書記をするなど、意見をはっきりいう「外側に向かう感じの子」だったという。だが、それから次第に内側に向かいだすようになる。

> みんなと同じなのがいや、制服とか、集団とか。たとえば、どうしてみんな毎朝起きて、同じ格好して、学校なり、会社なり行って……学校卒業して、就職して、結婚して、子供産んで……もうそれじゃー、人生見えてるじゃない。どうして、そんなに分かりきってるような、レールに乗ったような人生を生きることに耐えられるんだろうか。……本当に分かり察しうるような人生だったら、自分はもう自殺したい。もう生きてる意味はないって思ってた。

彼女の悩みは、70年代以降の経済的に豊かな日本社会に育った若者の一部が抱く典型的な悩みとして理解できる。彼らは、自分の親の世代が戦後の貧しい時期を経てようやく獲得した、「学校卒業して、就職して、結婚して、子供産んで」という安定した状況を当然のことと考えており、本人もそれを望めば容易に手に入れられると思っている。しかし、将来自分が同じような道をたどりたいとは考えておらず、しかもそのような生き方に人

生の意味を見いだせないのである。

　つぎの新田由貴さん（神戸在住、女性32歳、91年、27歳の時イニシエーション）の場合、人生に対する不安がはっきり現われたのは、大学を卒業後、就職してからだった。しかし、問題の内容は金子さんに類似している。新田さんは、大学生の頃から「もやもやした、本当にこれでいいのか」という漠然とした感覚があったという。彼女は東京で就職するが、漠然とした不安は続いた。「仕事はとっても楽しいんだけど、何か自分のもっと根本的なところから間違ってるんだという感じ」がした。そして半年間東京で働いた後、会社を退職し、卒業旅行で行ったバリ島に再び向かった。彼女はそこで7ヵ月間を過ごす。彼女がラジニーシの存在を知るのは帰国後1年以上後であり、サニヤシンとなるためインドに向かったのはさらに2年後のことである。

　インタビューした人たちとの会話では、「どう生きていけばいいのか分からない」、「何かがおかしい」などの言葉がよく聞かれた。彼らに共通するのは、ある種の空しさを一定期間以上感じていたことである。一方、サニヤシンたちは物質的、肉体的、あるいは対人関係から直接派生した問題についてはあまり語っていない。前出の新田さんは「仕事もすごくうまくいってたし、配属されたところもいいところだったし、上司にも受け入れられたし、全然問題ないんだよ。だけど、おかしいという感じ」と語っていたが、その言葉はこのような悩みの状況を明らかにしている。つまり、将来サニヤシンとなった人たちは意味の喪失、人生の方向性や目標の欠如という精神的な問題に直面していたのだ。

　このようなサニヤシンになった人たちの悩みは、日本の新宗教に入会した若者が抱えていた問題と共通している。1970年代以降、新宗教への入会動機は、貧・病・争に加え、空しさからの救いが挙げられるようになってきた（島薗 1992）。若者は、経済的な豊かさの反面、高度に分化した社会構造、都市化、核家族化、官僚制の発達のなかで、生きがいを見つけにくくなっているといえるだろう(注1)。人生の意味の喪失を経験するだけでは、ORMとの関係を特定することはできない。だが、悩みをもつことは、

最終的にサニヤシンとなるに至るための第1にクリアすべき条件（大前提）として理解する必要がある。

(2) パースペクティブ

それでは「空しさ」という悩みを抱えていた若者のなかで、宗教の世界にその解決を求めたのはどのような人たちだったのだろうか。L‐Sモデルの第2の背景的要因は、悩みを抱えた人たちがそれを宗教的なパースペクティブ（観点、ものの見方）、たとえば、生きる意味の探求に結びつけて問題を解決しようとすることである。この要因が入信の条件の1つとなるのは、問題を抱えていてもそれを別な手段を用いて解消する可能性もあるからだ。たとえば、ロフランドらは別なパースペクティブの1つとして政治的パースペクティブを挙げている。自己の抱えた悩みの原因を社会体制の問題点のなかに見いだして、各種の社会運動を起こすことにより解決しようとする人たちも想定しうるのである。

サニヤシンたちがORMと出会う以前にもっていたパースペクティブを理解するためには、L‐Sモデルが提示する宗教的パースペクティブを広義に捉える必要がある。というのは、インタビューしたほとんどの人たちにとって、宗教一般に対するイメージはかなり悪いものだったからだ。宗教を否定的に捉えて、「うさん臭いもの」、「馬鹿げたもの」、「偽善」として考える者がほとんどだった。それでは、サニヤシンたちのパースペクティブの特徴は何だったのだろうか。

まずは日本の社会状況が個人のパースペクティブに与えた影響について考察することにしよう。佐々木裕也さん（名古屋在住、44歳、80年、29歳の時イニシエーション）のケースをみてみたい。彼は高校生の頃、地元の名古屋で学生紛争を経験した。全共闘が東大の安田講堂を占拠した1969年、彼は高校2年生だった。東京の代々木公園まで集会に行くほど社会運動に熱心な若者だったという。名古屋の交番襲撃事件にも参加し、火炎瓶を投げ込んだ。学校ではアマチュアバンドを結成し、社会派のフォークソングを歌っていた。大学に進学してからも音楽活動に専念した。しかし、時

代とともに、彼の関心は外的な社会変革から内的な自己変容に移っていったという。

> アメリカの公民権運動から発達した、ラディカルなフォークソングっていうのが、70年頃に日本に上陸して、そんで関西中心にそういう唄が巷(ちまた)で歌われはじめてたんだよ。「今の自分たちの社会の状況を見つめ直そう」というところから、段々と「社会は自分からしか変わっていかない」、「自分の個人的な理由を大事にしよう」という流れに沿って、ぼくの関心も変わっていったんだと思う。

佐々木さんの心境の変化は、政治的パースペクティブから「意識変容」を重視するパースペクティブへの移行として捉えることができる。

インタビューしたサニヤシンたちのほとんどは、佐々木さんよりも若く、学生紛争の影響もあまり受けていない。彼らは、はじめから「社会は自分からしか変わっていかない」という時代の潮流にいたのだ。たとえば、前出の金子茜さんは、高校時代の関心をつぎのように語っている。

> ……政治、社会への関心なかった。でも、人間の意識が変われば、世界が変わるというのはよく分かってた。だから自分の意識を変えることに興味があったのね。たとえば、自分が詩を書いてるときとか、突然来るのよね。意識が突然拡大する。普通、狭い意識で生きてるじゃない？……それでつぎに興味もったのが、「どうしたら自分の意識を変えられるのか」ということ。

政治や社会への関心が薄れるにつれ、自分の内面への興味が強まるという傾向は、70年代後半以降日本のサブ・カルチャーの1つとして一般に浸透していく。金子さんが語ってくれた「人間の意識が変われば、世界が変わる」という認識は、ほかのサニヤシンの人たちにも共通する暗黙の前提だったのである。

もちろん、個人がどのようなパースペクティブをもつのかは、社会状況のみでなく、個人の性格が関与していることは言うまでもない。たとえば、神秘体験をした人は「人間の意識が変われば、世界が変わる」という発想になりやすいようだ。数人のサニヤシンがラジニーシに出会う前にある種

の神秘体験をしていた。

　和田美穂さん（神戸在住、女性27歳、89年、24歳の時イニシエーション）は、高校、大学を通じていろいろな疑問をもっていた。「私が欲しいものは何なんだみたいな感じで、すごく癒（いや）されない孤独があった」という。おもに心理学関係の本に解答を求めたりもした。和田さんは、高校のときの神秘体験が、その後の心理学への興味を持続させる要因になったと考えている。

　　高校のとき、悩み悩んで、悩み疲れたとき、ちょっとした神秘体験をしたのね。……それがあって、「受け入れる」じゃないけど、何か体の力がガクッと抜けてさ。「いいんだもう」と……スーッとなったときに、1ヵ月ぐらい、森羅万象（しんらばんしょう）というか、全部のものがつながって、自分がその一部ですごく愛されている……そういうのがバーッときてね。木とか風とかが、スーッとまざまざとやってきてさ。それはすごい幸せなことやったんやけど、それが1ヵ月ぐらいたってなくなって、また疑問がわいてきてもとに戻っていく。そしたら、……今までみたいに元に戻れない、というか……「もとの世界と違う何かがあるんだ」という……で、そこから探求じゃないけど、「何なんだ、何なんだ」という感じになって。

　このようにサニヤシンになった人たちは、ラジニーシに出会う以前から、「意識の変容」にかかわる何かを求めていたといえるかもしれない。これは1章で取り上げた個人のスピリチュアルな成長に力点をおくニューエイジに特徴的なパースペクティブといってよいだろう。

（3）探求行為

　L‐Sモデルが第3に挙げる入信への背景的な条件は、自己を宗教的探求者として位置づけて具体的な探求をしているかどうかである。第2の条件が個人の認知や態度レベルでの特徴についての条件であるのに対して、これは人々の具体的な行動レベルに関係する条件である。ロフランドらは、具体例として、いくつもの教会をわたり歩くことや、さまざまな宗教書を読みあさりながら自己の問題を解決しようとする行動を挙げている。

II部　フィールドへの接近

　この点に関してサニヤシンたちは、厳密な意味での宗教的な探求ではないまでも、スピリチュアルな探求を行っていたと考えられる。サニヤシンになる以前にほかの新宗教に入会していた人は、インタビューした35人のなかで2名であったが、ORMに興味をもつ以前にインド、ネパールやバリを旅行したことのある人たちが7人いた。また「精神世界」の本に高校や大学時代に傾倒していた人も10数人いた。

　三宅淳子さん（東京在住、女性35歳、82年、22歳の時イニシエーション）がインドに初めて行ったのは大学2年のときだが、そのきっかけはアメリカの若者文化の影響であった。彼女は高校時代にサーファーのライフスタイルを知った。そして聴く音楽はカリフォルニア・ソングだった。1970年代の後半には、「精神世界の旅だとか、バークレーの大学にいくツアー」があったという。

　大学1年生の19歳のとき、アメリカのニューヨークからサンフランシスコまでを1人で旅行する。為替レートも高く、現在のように気軽に大学生がアメリカを旅行する習慣もなかった頃だ。

　　フラワー・チルドレン［ヒッピーの俗語］の発祥地、LSD、音楽、私にはカッコよかった。サンフランシスコでいろんな人たちに会って、いろんな店へ行って「すごいなー」と思った。でも、そこで知ったのは、すでにもう時代的にはインドだったの。そういうフラワー・チルドレンの人が目指しているものはインドだったの。……そういう感じ

で、アメリカから帰ってきたときには、もうインド行くこと決めてたね。その過程でラジニーシの存在も知る。大学2年の夏、インドへ向かう。タイ、ネパール、そして陸路インドへ。ベナレス、ブッダガヤ、カルカッタ、ボンベイを旅してから、ラジニーシのいるプーナへ行った。プーナには2ヵ月間滞在し、日本へは81年の3月に帰国する。大学を休学しての半年以上の旅であった。

　三宅さんがたどった道のりは、厳密な意味での宗教的な探求行為ではない。アメリカでもインドでもいわゆる宗教と関連する場所を訪れたわけではないからだ。しかし彼女の旅は、観光名所めぐりでも、ショッピング

をするためでもない。それは内面にかかわる漠然としたもの、つまりスピリチュアルな何かを求めての探求だったのである。

　三宅さんの事例はちょうど70年代後半にインドへの旅が日本で密かなブームになった頃の出来事である。この時期以外でも、インタビューした人たちのなかには、インドとネパールを長期間旅行した者、ドラッグ体験をするためにアメリカやインドへ行った人、農場で１年間働いた人、バリ島に長期滞在した人、サイコ・ドラマの劇団に所属していた人などがいた。また、具体的な行為にはなかなか至らなくとも、「精神世界」の本を読んでいた人たちが多数いた。このような彼らのラジニーシに出会う以前の行動は、ニューエイジを背景にした、スピリチュアルな探求行為として捉えることができると思う。

　以上、サニヤシンとなった人たちがORMに出会う以前の状況を、「悩み」、「パースペクティブ」、「探求行為」の３つに焦点を絞って究明してきた。これら３つの要因が累積的な性質をもつことは強調しておく必要がある。人生の目標の欠如などの悩みをもつ若者は多い。そのなかで、ニューエイジ的なパースペクティブから自己の悩みを理解しようとする人はかぎられる。さらに、そのなかで具体的な探求を行った日本人となると、割合はかなり限定されてくることだろう。サニヤシンとなった人たちは、これら３つの条件を満たした者の一部であるといえる。特に、第３の条件である探求行為に関連するサニヤシンの行動は、ORMを特徴づけるものと捉えてよいだろう。彼らの探求は、一般常識をはるかに超えた活動的な性質のものだったからである。

　それでは３つの条件を満たした若者のなかで、最終的にサニヤシンとなるためには、さらにいかなる条件を満たさなければならないのだろうか。次節では、彼らがどのようにORMと出会い、具体的な交流を行っていったのかを考察することにする。

3　入信プロセスII ── 状況的な要因 ──

(4) 本との出会いと人生の転機

　ロフランドらによれば、入信に必要な第4の条件は入信する宗教と接触する時期の問題である。潜在的な信者は、特定の宗教に出会う直前か、ちょうど出会ったときに、人生の転機に直面していることが必要になるという。人生の転機とは、過去から継続していた行動様式が途切れたり完結したりして、新しい生活を送る義務や機会が生じた状況である。病気、離婚、失業、学校の卒業や中退、受験の失敗などが転機の具体例である。

　この点に関して、サニヤシンたちの状況とL‐Sモデルとは厳密には一致しない。というのも、彼らのORMとの出会いは転機よりかなり前であることが多いからだ。大多数のサニヤシンたちはラジニーシの存在を彼の本を通じて初めて知る。インタビューした人たちの約3分の2は、本人が直接ラジニーシの本を書店で見つけ、残りはサニヤシン以外の友人、知人から本を紹介されている。まずは、本を読んだ印象を検討しよう。

>　『存在の詩（うた）』を1日1講ずつ読んで、途中まできたらもうこれは止められない。そのまま一気に読んだ。読み終わったときには光の滝で打たれるような感覚になった（山田圭介さん、東京在住、男性34歳、80年、20歳の時イニシエーション）。

このように、ほとんどすべてのサニヤシンにとって、ラジニーシの本は衝撃的であったようである。10数人の人たちから「求めていたメッセージが、本のなかにあったような気がする」という言葉が聞かれた。彼らが求めていたものとは何だったのだろうか。

　インフォーマントたちのイニシエーション以前の価値観に関しては、彼らがラジニーシに惹かれた理由を探ることにより推測できるだろう。筆者に語ってくれたラジニーシの講話録を読んでの感想には、つぎのような内容が多かった。

>　「知識は重荷だ」（という和尚のメッセージ）にしろ、それまでは「もっと勉強して賢くなれば分かるんじゃないか」と思ってたんだけど、そ

うじゃなくって、単純に無垢になっていくことの大切さが書いてある（足立俊郎さん、神戸在住、男性25歳、88年、20歳の時イニシエーション）。「存在のあるがままに、ただある」ということが、今まで（教えられてきたこと）と180度違う。それまでは理想があって、ここにただの自分があって、そこまで行かないとダメなのが……まったく違うことを言う。「自分が求めていたのはこれだ、これかも知れない」というものを感じた（和田美穂さん、神戸在住、女性27歳、89年、24歳の時イニシエーション）。

インフォーマントに影響を与えた内容は、たとえばラジニーシのつぎのメッセージに端的に表れていると思われる。

選ばないこと、生を来るがままに生きなさい。浮かび漂うがいい。どこに着くどんな努力もしないこと、目標に向かって行かないこと。瞬間を、その全体性において楽しんでごらん。そして、過去や未来に邪魔されないこと。そうすると、あなたの魂の中にひとつの交響曲が生まれて来る。(Rajneesh 1983 ＝1995：43)

このような内容は、多くの人びとにとって、緊張を溶きほぐしてくれるメッセージであっただろう。

　現代社会で生きるためには、多くの積み重ねられた知識が必要であり、その習得には長年の歳月を要する。そのプロセスは、中学、高校、大学、そして就職しても終わることはない。「もっと勉強して賢くなれば」、生きている意味が分かるのではないかという漠然とした期待を抱きながら、気の遠くなるような膨大な知識と技術の習得に時間をかけていくのである。しかし、親の世代の生活を身近で感じると、努力の結果として得られるものにあまり大きな期待はもてないでいる。また、その過程では現在の自分をそのまま受け入れることは容易ではないし、社会からも一人前の人間として認められることはない。こうした社会的状況を考慮すれば、なぜラジニーシの「どこに着くどんな努力もしないこと」などのメッセージが先進資本主義諸国の人びと、特に高学歴層の若者の一部に魅力的であったのかが推測できる。つまり、ラジニーシの思想と最終的にサニヤシンとなった

人たちの社会的属性との間には、はじめからかなり強い結びつきがあったのだ。

　ORM のメンバーたちは、ラジニーシの本に出会う前までは、社会に対する漠然とした疑問を感じながらも、知識や技術を習得し、現在の自分ではなく、何かを達成した将来の自分に希望を託しながら生きるという価値観に影響されていたといえよう。筆者は、このような思想の特徴を、未来志向、業績主義、理性重視、そして広義の自己否定的な価値観として把握している。こうした現代社会に深く浸透している価値観を、「モダン・パースペクティブ」と呼ぶことにしたい。これに対して、ラジニーシのメッセージは、現在志向、表現主義、感性重視、そして自己肯定的な傾向をもつ（詳しくは4章参照）。ニューエイジや「精神世界」に特徴的であるこちらの価値観を、ここでは「ニューエイジ・パースペクティブ」と捉えることにしよう。

　しかし、ラジニーシの本をはじめて読んだときに大きな衝撃を受けた人たちでも、すぐに具体的な行動を起こした者はいなかった。本に衝撃を受けたからといって、すぐに瞑想センターやインドに行く人はいないのだ。そこには L - S モデルの第4の条件である「転機」が必要となる。

　杉本明夫さん（神戸在住、男性42歳、80年、28歳の時イニシエーション）は、インドへは「どうしようもなくなって行こうと決心した」という。具体的な転機は、当時任せられていた学習塾の講師の職に失望しはじめたことである。その時の心境はつぎのようであったという。

　　和尚の『存在の詩』を読むとき、読んだ瞬間って、いつも解放感やんか。……だけど、また日常に戻ったらさ、また同じようなパターンが……みたいな。そういう感じがあって、「こりゃ行く以外ないな」みたいな、何かそういう感じだった。とにかく和尚のとこ行ってだめだったら死のうみたいに思ってね。気分的にはね。八方塞（ふさ）がりみたいなね。そういう思いがあった。……（本をはじめて読んでから）1年以上あいたと思うよ。どうしようもなくなって行こうと決心したわけ。

　ダウントン（Downton 1980）によれば、スピリチュアルな探求の過程で、

将来入信する可能性のある人々は個人の無力感に直面する傾向にあるという。自分自身の努力によって自己実現を成し遂げようとすればするほど、自分を変えられない絶望感が大きくなるのだ。ダウントンの指摘は、サニヤシンの多くにも当てはまる。

多くの場合、直接ORMと接するきっかけとなる転機はそれほど深刻なものではない。しかし、「気分的にはどうしようもない」という感覚が強まっていったのも事実である。また見方によれば、転機が訪れるというより、本人が積極的に現実とかかわって転機を作っていくという傾向が強くみられた。大学の春休みや夏休み、卒業旅行を利用してインド・プーナに向かう人や、数年間勤めた会社を自らの意思で退職してインドを訪れる人などがこの例にあたる。

(5) メンバーおよびラジニーシとの関係

L‐Sモデルにおける第5、第6の必要条件は、対人関係にかかわる内容である。第5の条件は、入信のプロセスにおいて、将来入信する者とすでに信者である者との間に積極的な人間関係が形成されることである。

ラジニーシの本を読んで感銘を受けた人たちは、人生の転機に日本の瞑想センターやインド・プーナを訪れる。その際に、ロフランドらのいう感情的なつながりがサニヤシンとの間に形成されている場合が多い。現在では行われていないが、1985年までサニヤシンたちは弟子の条件としてオレンジ色のローブや赤系統の服を絶えず身につけ、首からはマラとよばれるラジニーシの写真のはいったロケットをつるした数珠をさげていた。このような外見は普通の日本人には異様に見えるかもしれないが、はじめて瞑想センターを訪れた人たちの第一印象はきわめて良好であったようだ。

　「うーん、もーココ」という感じだよね。自分が……いろんなグル［精神的指導者］のとこに行ってやっと出会ったというよりは、むしろ、バックグランドなしにいきなり和尚に出会って、全然抵抗がないんだよね。だからそういう縁で会う人とはもうすぐ友達というような気になって……（水谷雅和さん、東京在住、男性35歳、80年、21歳の時イ

ニシエーション）

など良い印象をもった人がほとんどである。

　ところが80年代後半以降になると、はじめてサニヤシンと接した人たちはラジニーシに惹かれつつ、ORMの組織やサニヤシンたちには嫌悪感を示すという相矛盾する感覚をもつようになる。80年初頭と比べて、ORMが「宗教っぽい」雰囲気をもちだしたことに起因しているのかもしれない（ORMの歴史的変遷に関しては、4章5節参照）。

　91年にインド・プーナを訪れた小林弘さん（神奈川県在住、男性30歳、92年、26歳の時イニシエーション）は、ラジニーシの考えや瞑想法を高く評価しつつも、サニヤシンにはなりたくなかったという。アシュラムを訪れた印象をつぎのように語ってくれた。

　　自分のかぎられた、日本人サニヤシンを見ただけの印象でいうと……どちらかっていうと特殊な人たち。ぼくがサニヤシンになることもないし、ただ瞑想をしたいからプーナに来て、そこで自分がやれることをやって身になればいい。……本で読んだ和尚の感じと、サニヤシンで和尚が好きだというのとは何か違うんじゃないか……そんな印象があって。和尚を1つのカリスマじゃないけど、教祖のようにしてついていってる。もちろん、そうじゃない人もいるんだけど……「あー、これは信者の集まりなんだな」という印象を受けた。

しかし、小林さんはプーナに6ヵ月間滞在し、日本に帰国する直前にサニヤシンとなっている。

　それではなぜ、サニヤシンに対して否定的な印象を抱いた小林さんは、結果的にイニシエーションを受ける決意をしたのだろうか。その決定的な要因の1つとなるのは、ラジニーシ自身に対する信頼や愛着である。ラジニーシに対する強い信頼ゆえに、他のサニヤシンたちが「宗教的な」振る舞いをしても、本人のイニシエーションの決断とは無関係になるのだ。

　たとえば、前出の山田圭介さんは18歳の時にはじめてラジニーシの本を読み、20歳の時にインドへ向かった。彼は日本の瞑想センターへは行かなかったが、その理由を以下のように語っている。

（日本の瞑想センターへは）全然行っていない。行きたくなかったから。要するに、ぼくが感動したのは和尚の世界、というか和尚の存在そのもの。そこからの話じゃない？……とにかく、直接のエンカウンターを望んでたし、自分のなかでその前に「そこはどういう場所なんですか」とか、そういう情報集めとか、あるいは「和尚はこうなんだ」とか、ああなんだとか、別に聞きたいとは思わなかったし、何かけがされるような気がして……。

彼以外にも数人の人たちは、ほかのサニヤシンや ORM の組織的側面へは興味がなかったという。前出の杉本明夫さんも、ラジニーシとの一対一の関係が重要であり、「（他の）サニヤシンの全員が殺人鬼に変身しようとも、ぼくはサニヤシンだなと思うし、ほかの人は関係ない」という態度があると話してくれた。

インタビューした人たちのほとんどにとって、最初の接触はラジニーシの本である。本を読んで感銘を受けた後にサニヤシンと接触していることになる。換言すれば、サニヤシンはラジニーシの存在や世界観に対する強い関心があるがゆえに、ほかのサニヤシンへの愛着を発達させる傾向が強いのであって、その逆ではないということだ。

(6) 信者以外との人間関係

ロフランドらによれば、入信への第6の条件は、信者との友好関係の発達にともなって社会一般の人々との絆が弱まっていく、あるいは最初から親や友人との感情的なつながりが弱いことである。インタビューの結果分かったことは、サニヤシンたちは ORM と出会う以前から家族や友人との絆が弱い人がほとんどだったことである。

友人との人間関係も、家族のそれと同様にあまり密接ではなかったようだ。前出の和田美穂さんは、大学時代をつぎのように振り返る。

誰にも自分の悩みを打ち明けられずに、大学の4年間を普通に過ごしたのね。何かあきらめてた。いろいろ疑問をもってもどうなるものでもないから。友達と話しても噂だけ、一番問いたいことは話せない、

自分がいられる場所がない、内側のいらだちがあることをさとられたくないし、言っても分からない。好きな人にもそういうこと言えなかった……。

このような例からも分かるように、サニヤシンとなった人たちは以前から家族との絆が弱かったり、悩みを打ち明けられる親友がいなかったことが分かる（注2）。

　もちろん、仲の良い友人がいても、瞑想センターに通いだすことによって、以前からの友人との関係が希薄になることも事実である。いったんラジニーシの世界観を真実として受け入れ、ラジニーシ流の瞑想法を実践しはじめると、彼らの人間関係はそれを分かち合うことのできる人たちにかぎられてくるのだ。しかし、一般的な傾向としては、以前から家族や友人との強い絆が存在しない場合がほとんどであり、サニヤシンとの対人関係の絆が従来の感情的な絆の欠如を埋め合わせる方向に働くと考えるのが妥当だろう。

（7）徹底した相互交流と意識変容の体験

　L‐Sモデルにおける入信の最後の条件は、具体的に、日々ひっきりなしに他の信者と集中的に交流することである。これがなくては、真の入信は不可能であるとロフランドとスタークは論じている。それでは、ORMにおいて、行動に変化をもたらし、正真正銘のサニヤシンとなるための要因は何だろうか。

　ORMのメンバーにとって、イニシエーションを受け自己変容を促進させていく契機となるのは、瞑想やグループ・セラピーに参加することである。その参加を通じての意識変容の体験がイニシエーションを受ける決意をするきわめて重要な要因となる。サニヤシンたちは、イニシエーションを受ける前の数ヵ月間にラジニーシの開発した瞑想を集中的に実践したり、また泊りがけで行われる数日間のグループ・セラピーをいくつか経験している場合が多い（セラピーの概要は4章3節を参照）。また直接インドに向かう人たちも、そこでの最初の2～3ヵ月間をセラピーや瞑想に費やし、

その後サニヤシンになることを申請するのが一般的だ。ここでは、サニヤシンになる前の具体的な実践の様子をいくつか検討してみたい。

中島和美さん（名古屋在住、女性34歳、87年、25歳の時イニシエーション）は、セラピー体験をつぎのように思いだす。

> 初めに2泊3日のグループ受けた。……よく叫んだよね、ギャーッて。「私ってもう長いこと、社会の抑圧みたいなのをすごいかぶってたのかな。我慢してきたんだなー」っていうことを改めて感じた。

また前出の新田由貴さんは神戸で2泊3日のグループを受けたが、同様の体験をしている。

> そのグループのなかでいろんなことやったけど、一番覚えているのは20何年ぶりに泣いたこと……途中でグループ（のメニューが）出来ないぐらいに。グループ受けてすごく軽くなった。……ほんと嘘のように変わった。

新田さんは、その後プーナに3ヵ月滞在し、その期間中にイニシエーションを受けている。彼女たち以外にも、多くの人たちがセラピーでの貴重な体験の数々がきっかけとなって、サニヤシンとなるべくプーナに向かっている。

直接インドに向かった人の場合もみてみよう。たとえば、古沢浩さん（京都在住、男性44歳、81年、27歳の時イニシエーション）は1980年にアシュラムを訪問し、そこで受けたセラピー体験をつぎのように語ってくれた。

> 最初、和尚の世界はセラピーという印象があったね。5ヵ月間（プーナに）いたけど、ほとんどセラピーを受けてた。……僕のなかではセラピーというのがとにかく圧倒的にすごいものだったね。……いつ行ってもグループに参加している日本人は自分だけだった。ラッキーだったね。だから思いきりやれるところもあって……抵抗感はなかった。逆に解放感だった。

古沢さんは、滞在した5ヵ月の間に、10以上のグループに参加したという。そのなかで、彼は数々の貴重な体験をしている。セッションのはじめに（自己解放の一環として、その当時おこなわれていた）全員が全裸になるこ

と、いろいろな国の人たちとさまざまなエクササイズをすること、呼吸法のセッションを受けて強烈なエネルギーを感じたことなど、どれをとっても新鮮な体験であったようだ。彼は瞑想の後、強烈な神秘体験をしている。

> 瞑想の後に、背骨からエネルギーがワーッとなって、それが3日間くらい続いて……すべてが美しくみえて、何をやっても深い感じがした。そのあと別人みたいになって、しばらくはものすごく深いレベルから動いているような感じになった……今から思うと、あの体験があったからサニヤシンを続けられたような気がするね。

　ほとんどのサニヤシンは、セラピーや瞑想の最中に、これまでの人生で経験したことのないような体験をしていた。このような体験をすることにより、彼らはラジニーシに対する信頼を深め、イニシエーションを受ける決意を固めていくのである。それと同時に、貴重な経験の数々は、今後サニヤシンとしてあり続けていくときの拠り所となっていく。前述した古沢さんの、「今から思うと、あの体験があったからサニヤシンを続けられたような気がする」という言葉は内的体験の重要性を如実に表している。

　セラピーでのさまざまなエクササイズは、意識変容の体験を提供する場であると同時に、ニューエイジ・パースペクティブを体得していく教育の場でもある。セラピーの目的は、ほかのニューエイジ・グループの実践の多くと同じく、社会や文化の影響によって鋳型にはまってしまっている自己を解放し、瞬間、瞬間を覚醒して生きることである。インフォーマントたちは、諸外国からの訪問者と集中的にかかわり、また数多くのセラピーに参加することにより、思想、実践の両レベルでニューエイジ・パースペクティブを学び、従来の価値観を改編していくといってよいだろう。

　以上の考察の結果、サニヤシンとなるためには、L‐Sモデルが提示する信者との徹底的な相互交流に加え、セラピーや瞑想における意識変容の体験が重要であることが理解できた。セラピーや瞑想での体験を通じてラジニーシの世界観を知的にではなく感覚として理解し、さらにサニヤシンたちとの接触を通じてORM流のライフスタイルを社会化していくのである。

4　ORM メンバーの特異性と今後の課題

　本章では、ORM の参加者たちが、どのようなプロセスを経てイニシエーションを受けるに至るのかを L‒S モデルに準拠しながら論じてきた。その際、サニヤシンたちの生の声をできるだけ織り混ぜながら彼らの内面的世界の理解にも迫ろうと試みてきたわけである。

　ORM の事例研究においては、L‒S モデルが示す入信プロセスの 7 つの条件はきわめて有効であったが、このモデルを補足する必要のあるサニヤシンに特徴的な性質はつぎの 5 点である。1) サニヤシンとなった人々が以前からもっていたパースペクティブや探求行為は、一般的な意味での「宗教」を広義に解釈して「スピリチュアル」と捉える必要があること、2) サニヤシンとなった人たちが直面した人生の転機と ORM との出会いの時期はかならずしも一致せず、ラジニーシの本を読んでの衝撃的な感動が先行すること、3) サニヤシンは他のサニヤシンとの友好関係に加え、ラジニーシに対する信頼・愛着を最優先事項として捉えていること、そして 4) 正真正銘のサニヤシンとなるためには、他のメンバーとの徹底的な相互交流に加え、セラピーや瞑想での意識変容の体験がきわめて重要な要因となることである。

　また、以上の 4 点とも重なるサニヤシンの特徴として、5) 彼らの積極的な探求行為が挙げられる。行為者の能動的な側面は、他の新宗教への入信過程においても当然みられるが、ORM の参加者の場合、この傾向が顕著である。それは、ORM と出会う以前の彼らの試行錯誤の様子にも、自らの意思で転機を作ってでもインドまで行こうとする点にも、また自己変容を促進させるためにセラピーや瞑想への徹底的な参加をする仕方にも如実に表れている。

　本章では、サニヤシンがイニシエーションを受けるに至るプロセスを考察してきたが、彼らの入信プロセス、つまり価値観の変容のプロセスはこれで終わるわけではない。イニシエーションを受ける時点は、新しいアイデンティティの摸索のスタート地点なのだ。彼らがイニシエーション後に

II部　フィールドへの接近

どのような試行錯誤を繰り返しながら、サニヤシンとしての新しいアイデンティティを維持・刷新（きっしん）させていくのかについては別の機会にまとめることにしたい（注3）。

注 (1) 人生の目標の欠如や意味の喪失は、宗教に入会する若者だけに特徴的というよりは、現代の一般的社会状況として理解すべきである。NHKは1973年以降、5年ごとに日本人の「衣食住」という個人生活の物質面と「生きがい」という精神面の満足感の意識調査を実施してきた。最近の調査結果によれば、若年層においては、過去15年間で、物質面での満足感が大幅に増えた。これに対して、精神面での満足感は78年以降減少の傾向が見られる。つまり、物質面の満足と精神面のそれとのずれが目立つようになってきたのである（NHK 1991a:111）。
(2) 現代日本社会の若者のなかで、家族や友人との関係が希薄であることは、宗教に入会する人たちだけに特有の現象ではない。NHK世論調査部が87年に実施した、「中学生、高校生の生活と意識に関する調査」によれば、「あなたには親友がいますか。」という問いに対して、1.6％が親友はいないと答えたが、6.9％は親友が1人、39.9％が2〜3人、33.0％が4〜9人、18％が10人以上と回答した。しかし、もう一歩踏み込んだ「あなたは日頃、親友とどのようにつきあうか」という問いに対して、59.4％の人たちは「なんのかくしだてもなくつきあう」と答えたが、24.1％は「心のふかいところは出さないでつきあう」、12.9％は「ごく表面的につきあう」という回答をした（NHK 1991b:95）。つまり、現代の中学・高校生のほとんどは少なくとも1人は親友がいるが、そのうちの3分の1の人たちは、友人と心の深いところを分かち合うことなく日常を過ごしていることになる。
(3) イニシエーション後のプロセスに関しては伊藤（2004）を参照されたい。筆者はそのなかで、イニシエーション以降の価値観とライフスタイルの変化を3つのステージ、すなわち、1) メンバーとの集中的な相互交流とセラピーへの参加による価値観の改編期（イニシエーション前後）、2) 新しい価値観の獲得に対応するライフスタイルの摸索期（メンバーとなってからの数年間）、および3) 新たな価値観やライフスタイルと既存のものとがバランスをとるようになる再統合期（イニシエーションから数年以上後）に分けて論じている。

III部
新しいスピリチュアリティ
研究へむけて

7章　ネット恋愛のスピリチュアリティ
―― オンライン上の「特別な存在」との交感をめぐって ――

> 本章では、恋愛を目的とするネット上のやりとり、いわゆる「ネット恋愛」をテーマとして、人々の外側とのつながり方やその際に生まれる感情を究明していきたい。また、ネットにおいて「本当の自分」を理解してもらい、特別な存在とつながりたいという希求は、宗教的な場でのスピリチュアリティとどのような関連があるのかについても明らかにしたいと思う。

1　「本当の自分」を理解してくれる存在

「あなたの光がないと、私はこの闇のなかから一歩も踏み出すことができない。」これは、トルストイの言葉でも、ゲーテの詩の一節でもない。テレビドラマ「愛をください」（2000年7月〜9月、フジテレビ系列にて放映）において、菅野美穂が演じる主人公の遠野李理香が文通相手の長沢基次郎に書いたメッセージである（原作は辻仁成『愛をください』マガジンハウス、2000年）。過去に一度だけ会ったことのある2人は、決してお互いを訪ねないこと、絶対に恋愛対象としないこと、誰にもいえない本当の気持ちだけを書くことを条件に、文通を通じて「真実のつきあい」をしようとする。ドラマでは、養護施設で育ち、まわりのすべての人間に不信感をもっていた李理香が、文通相手の基次郎にだけは心を開き、彼との手紙での交流を通じて人間的に成長していく姿を描きだしている。

「愛をください」では、この日常の外側にいる、真実を理解してくれる他者とのつながりは、文通相手によって獲得される。私たちのなかには、文通相手にかぎらなくとも、こうした真の理解者を求めている者は少なく

ないだろう。日常生活のなかでは、家族にせよ、親しい友人にせよ、たとえ恋人であっても、すべてについて本音を話せるわけではない。「本当の自分」をさらけだせば、少なからざる摩擦が生じることになるだろうし、人を傷つけてしまうかもしれない。

　この日常を離れたどこか遠くに、現在の自分が抱えている問題や思いをすべて素直に話すことができ、この自分を理解して受け止めてくれる存在がいてくれたら……と思ったことはないだろうか。その特別な存在に対してだけは、「ありのままの自分」をさらけだして、真実のつきあいをしたいと希求したことはないだろうか。「あなたの光がないと、私はこの闇のなかから一歩も踏み出すことができない。」——遠野李理香は文通相手に光を求めた。私たちはどこに闇のなかからの解放の手がかりを求めるのだろうか。

　人類史上のほとんどの期間、自己と特別な存在との交感は、おもに宗教世界において展開されてきた。多くの人々にとっての「神」とは、「ありのままの自分」を見守ってくれている存在だったと思われる。いま現在でも、世界中の多くの地域では、この現実は変わらないかもしれない。日本では、遠くで見守ってくれる特別な存在はまた、亡くなった近親者である場合もあるだろう。墓や仏壇に手を合わせるときに、ほかの人にはなかなか言えない本当の気持ちを伝え、自分を見守ってくれるようにお願いしている者は少なくないはずだ。このような、内的成長を助けてくれるような、特別な存在と自己との真摯な〈つながり〉を本章ではスピリチュアルな関係と捉えることにしたい。神、宇宙、大自然、祖国、先祖、特別な人間などと自己とがつながるとき、当事者はスピリチュアリティを感じるのだ。

　しかし、現代日本人の多くにとって、闇からの解放を宗教世界に求めるなんて、いまさら現実味はないだろう。宗教といえば「うさん臭い」「弱いひとが入る」「自分とは一生かかわらない」存在なのだから。だが、現代社会においても、私の理解では、ある種のスピリチュアリティが独特なかたちで表出してきている。それは、インターネットというテクノロジーを利用したメール交換、オンライン上での見知らぬ他者との交感の場にお

いてである。本章では、恋愛を目的とするネット上のやりとり、いわゆる「ネット恋愛」をテーマとして、人々の外側とのつながり方やその際に生まれる感情を究明していきたい。また、ネットにおいて「本当の自分」を理解してもらい、特別な存在とつながりたいという希求は、宗教的な場でのスピリチュアリティとどのような関連があるのかについても明らかにしたいと思う。インターネットは、前述した文通よりもはるかに多くの人々に実践されている日常の外側との新しいつながり方となってきている。この独特のつながり方に、闇からの解放をどの程度期待していいものなのか見極めていきたいと思う。

2　ネット恋愛にみる新しい＜つながり＞のかたち

まずは、ネット恋愛を理解する前提として、日本における恋愛一般の状況を概観することからはじめよう。なぜなら、恋愛自体がある種の宗教性を帯びており、だからこそインターネット上での恋人探しに熱心に取り組む人々がいると思われるからだ。

(1) 疑似宗教としての恋愛ブーム

　「恋愛」という言葉は、英語の Love の翻訳語として明治期に日本に広まったものである (注1)。当時の知識人たちにとって高尚で神聖な感情として賛美されていたこの概念は、第2次世界大戦後になると恋愛感情に基づく結婚という形態をとって一般の人々にも広がりはじめた。1960年代には恋愛結婚をした人の数が見合い結婚をした人の数を上回るようになり、この頃には、「恋愛→結婚＝幸せ」という図式が確立される（草柳1999：23）。1970年代中頃以降になると、結婚をかならずしも前提としない恋愛が社会的に広く認められ、より良い恋愛をすること自体が男女を問わず非常に重要な関心事となる。この「恋愛至上主義」として理解できる新たな価値観は、マス・メディアなどの影響を受け、1980年代、90年代と進むにつれてさらに顕著となり、現在でも衰える気配はみられない。

恋愛至上主義の広がり、とりわけ若者の恋愛に求める意味役割の拡大は、「恋愛」教とも呼びうる現代的な宗教性の表出としても理解できると思う。なぜなら、恋愛やその結果としての結婚は、多くの現代人の人生においてもっとも重要な意味をもち、日常生活の相当なエネルギーをかけてコミットする聖なる対象だからだ。「恋愛」教には、デートスポットという聖地や結婚式という儀礼もあるし、お互いの誕生日、クリスマスイブ、バレンタインデーといった祝祭日まである。さらに、恋愛は、自己と他者の真摯な＜つながり＞を通じて、当事者たちが「自分探し」をし、人間的成長をとげるうえで不可欠な行為であると考えられている。カップルになって、あるいは結婚して数年が経過すると、こうした宗教性はほとんどないかもしれないが、恋愛や結婚に対するあこがれや幻想はある種の宗教性を帯びているように考える。1960年代末から70年代前半にかけての学生による安保闘争、全共闘運動が政治性を帯びた疑似宗教だったとするなら、70年代後半以降の恋愛をめぐる言説や行為は私的領域において展開する疑似宗教と言っても過言ではないだろう。

しかし、恋愛や結婚が人生においてきわめて重要な意味をもつといっても、その相手を見つける機会のバリエーションはそれほど多くはない。パートナーを見つける場所や方法として挙げられるのは、大学のサークルやバイト先、職場や友人の紹介、合コン、お見合いパーティー、結婚情報センターなどだろう。いずれの場合にも、知り合うきっかけがどこかが異なるだけで、恋愛プロセスにおいては共通する点がある。それは、写真であれ、直接の対面であれ、相手の容姿や外見的な雰囲気に惹かれることから恋愛がスタートする点だ。しかし、こうした恋愛とは大きく異なるものが近年発展してきている。それが本章で扱う「ネット恋愛」と呼ばれる、オンライン上の顔も知らない相手とメール交換することにより、文字メッセージのみによって恋心を発展させる行為である。容姿も分からず、直接話したこともない相手に恋をする……こんなことが現代社会で起こっているのだ。

(2) ネット恋愛とは何か (注2)

　インターネットによる出会いをテーマにした映画やドラマが、1996年頃から公開・放映されたこともあり、ネットによる男女の出会いが社会的に認知されることになった。パソコン通信を通じて、出会ったことのない男女が次第に惹かれ合っていく様子を描いた森田芳光監督の「(ハル)」は、ネット恋愛をテーマとした先駆的な映画といえるだろう。98年になると、メールのやりとりによって発展した恋物語を描いたアメリカ映画「ユー・ガット・メール」が公開され、日本でも話題となる。同年4月からは、フジテレビ系列で間違いメールがきっかけで生まれたラブストーリーを描いたドラマ「WITH LOVE」が放映された。これらの映画やドラマによって、ネット恋愛がおしゃれで美しい、魅力的な出会いの形態だという好イメージが形成されたようである（井上善友1999：5）。

　しかし一方で、インターネットがきっかけとなった犯罪も多数発生しており、ネットによる出会いにネガティブなイメージをもつ人も多い。携帯電話やパソコンさえあれば誰でも自由にアクセスでき、匿名性を保持できるという特性から、不倫や性行為のみを目的とした利用者も少なくない。世間を騒がすネット犯罪やトラブルはネットの匿名性に大きな原因があるといってよいだろう。たとえば、交際を拒否された男性が腹いせに相手の女性の電話番号を卑猥なメッセージとともにネット上に公開し、全国各地から猥褻ないたずら電話がかかってきたという被害がしばしば起こっている（三宅1998：42-60）。ネット犯罪の件数は増加の一途をたどっており、「出会い系サイト＝危険、怪しい」というイメージをもつ人が増えているのが現状だろう。

　ネットによる出会いの功罪は別として、ネット恋愛が現代日本において広く知られる現象となってきているのは確かだ。見知らぬ男女がインターネットを通じて知り合い、なかには結婚するカップルまでいるという事実は、10年前には想像もつかなかったことである。インターネット上の出会いのきっかけとしては、映画、音楽などの各種テーマの掲示板やメーリングリスト、あるいは、恋愛や結婚を目的にした「出会い系サイト」による

133

出会いもある。いずれの場合においても、インターネット上で出会った2人は、一対一のメール交換やチャットによって、相手の顔も分からぬままに、その親密性を進展させていくことになる。

(3) 出会い系サイトの実態

　本セクションでは、ネット恋愛がある程度パターン化しており、多くの人々が参加する出会い系サイトの実態を検討したい。現在の出会い系サイトは、1995年頃にはじまった大手プロバイダや情報ページの出会いのコーナーがその基礎をつくったといわれている。現在活動しているサイトのほとんどが、1997年以降に設立されたものである。出会い系サイトは、登録者数の増減や管理人の意図によって常に誕生と消滅を繰り返しているため、その規模について正確なことは分かっていない。少なくとも、数百のサイトが存在し、数百万人以上が参加しているものと考えられる。

　参加者は都市部を中心に広がっており、その年齢層は、10代後半～30代が中心である。出会い系サイトの利用者には、気軽にメル友を探す者から、不倫相手を求める者、さらには真剣に恋愛・結婚のパートナーを探す者まで多様である。ただし、その利用者の性格は、たとえば「内向性」といったタイプで一括りにすることは困難だろう。ネットをしつつ、コンパにも参加するといったように、出会いの1つの手段としてサイトを利用している場合がほとんどだからだ。出会い系サイトの普及とともに、利用目的に応じたサイトの差別化が起こり、参加者の棲み分けが徐々に進みつつあるのが現状である。

　それでは、ここ数年間で急速に発展した代表的な出会い系サイトの1つである「出会いステーション」（http://www.deai-station.com/deai/main.html）（1999年に成立し、延べ登録者400万名）を例に挙げて、2人の見知らぬ男女が出会うまでの手順を紹介しよう。
① まず初めに、自分のプロフィール（性格、趣味、好みのタイプなど）をまとめ、そのサイトに登録してID（会員番号）を取得する。
② つぎに自分の希望するさまざまな条件によって相手のプロフィール検

索を行う（ただし、プロフィールの内容は、あくまでも自己申告である）。検索項目は多岐にわたり、年齢（生年月日）、居住地、出身地、身長、血液型、職業、学歴、年収、趣味、離婚歴に基づく絞り込みができる。
③ 条件による検索やプロフィールを読んで気に入った相手が見つかれば、短いメッセージを添えてメール交換の申し込みをする。1通目のメールは、同サイトが仲介して先方へ渡るというシステムになっている。登録者の男女比のアンバランスによって女性には申し込みが殺到し、登録して1週間もすると少なくとも20～30件ぐらいの申し込みメールが届くといわれている。
④ メール交換の申し込みに対してOK返事が届けば、サイト管理人に紹介料（「出会いステーション」では1,500円）を支払い、相手のメールアドレスを取得する。ここからは一対一のメール交換のスタートとなる。

この後は2人の当事者に委ねられているが、ある程度の展開パターンは予想可能だ。メール交換によって相手との親密性が増した場合には、メールという「ヴァーチャル」な世界を抜けだして「現実」の世界で対面することになる。その前段階として、お互いの写真をメールで交換したり、電話で直接話したりすることもある。もし、相手の容姿や雰囲気などの印象が、メール上で抱いていたイメージとそれほどかけはなれていなかった場合は、非常に急速に現実世界における交際へと進展することだろう。

しかし、このようなケースは一般的とはいえない。メール交換の段階で相手への過剰な期待や幻想がともなっている場合が多いため、実際に会ったときに、期待と現実との落差の大きさに落胆してメール交換自体が終結する場合が圧倒的に多い。真剣な恋愛・結婚のパートナー探しを目的としたサイトである「インターネット結婚相談所」(http://www.mermaid2.com)が公表しているデータによれば、同サイトを通じてパートナーを見つけた人は、男性会員の5.6％、女性会員の12.4％であり、男女全体の7.9％となっている。こうした数字をみると、出会い系サイトによる恋人探しは、非常に簡単ではないが、ある程度の実効性があるといえると思う。

3　ネットのむこう側にいる神

　現実にはほんのわずかだと予想されるものの、出会い系サイトに登録した人々の一部には実際に交際がスタートし、さらには結婚にまで進展するケースも存在する。なぜ、どのように、ネットで出会った顔も知らない男女は恋におちるのか。まずは、いくつかの体験談を素描しよう。

(1) ネット恋愛の事例
① 成功例
　石田晃さん（仮名、京都府の会社員、38歳）と水谷聡子さん（仮名、大阪府の学生、33歳）のケースを紹介しよう（以下は、「出会いステーション」のホームページに掲載されている、同サイトを通じて知り合い、結婚したカップルへのインタビューを私自身がまとめ直したものである）。2人はともに未婚だったが、特別に結婚相手を見つけようと思っていたわけではなく「何となく」「軽い気持ち」で、彼が2000年2月末、彼女が3月3日に「出会いステーション」に登録した。
　晃さんは、3月5日に聡子さんにメール交換の申込みをするが、彼女のプロフィールにかなりの好感をもったようだ。

> とにかく真面目で心の綺麗な女性がいいと思ってました。彼女に申し込んだ理由は、彼女のプロフィールの出だしが印象的で、なおかつあまりにも内容がたくさんあって、真剣に自分を相手に伝えようという気持ちが伝わったから。そして彼女の相手に求める条件が「仕事にほこりをもっていること、誠実、子ども好き、自分を守ってくれる人」など非常に厳しく、逆に言うとその求める条件を彼女自身が兼ね備えていそうな気がしたからです。

　これに対して、聡子さんもすぐにOK返事を書くが、晃さんからの初メールの印象は大変よかったという。

> 申し込みの文章がとても丁寧で誠実さが伝わってくるような内容でした。ちゃんと私をみて選んでくれているという印象をうけました。実

は申し込みのメールを見た時にピーンとくるものがありました。他の方からも何通か申し込みメールがきましたが、初めから何か違うものがありました。

　その後2人は、毎日1〜2通のペースでやりとりする。晃さんは3通くらいメール交換してから、聡子さんはメール交換をはじめて1週間後くらいに相手に会ってみたいと思うようになったという。そしてメール交換をはじめて2週間後の3月20日に、晃さんはまだ顔も知らない聡子さんにメールでプロポーズをする。「メールを通じて多くの事を話し合うなかで、何と心の綺麗な純粋な女性だろうと思っていました。『彼女しかいない！』と確信し、結婚したいと思いプロポーズしました」と彼はそのときの心境を語っている。顔も知らない相手からプロポーズされた聡子さんの反応はどうだったのだろう。

　申し込みされたときはうれしいと思いましたが、とにかくびっくり。結婚を決めるとなるとやはり会ってみないと……という気持ちがありました。メールの内容だけでは「この人だ」と思う気持ちはありましたが、人とメール交換するのははじめてだったので、メールでどれだけお互い分かっているかが不安でした。

　2人が実際に会うのは、メール交換スタートから3週間後の3月26日である。初対面の印象もお互い大変よかったという。晃さんは「ずっと昔から知っているような気がして、とても初めて会ったような気がしなかった」と感じ、聡子さんも「何て優しそうな方だろうという印象でした。不思議と初めてお会いした気がしませんでした。一目見て（結婚を）決意した」と語っている。晃さんは3回目のデートだった4月1日に再びプロポーズし、彼女もすぐにOKした。メール交換をはじめてから1ヶ月後のことである。

　② 　失敗例

　メール交換が生みだす熱烈さが空回りし、一人だけが盛り上がるとどうなるかは容易に想像できる。『婦人公論』（1999年1月25日号）に掲載されていたケースを紹介しよう。

Ⅲ部　新しいスピリチュアリティ研究へむけて

　ある男性は、結婚式場の予約に来て、「○月○日の大安にお願いしたい」と式場を申し込もうとした。仮予約の段階になり、新婦側の参列者などの細かいことになると話が曖昧になるので、予約係が男性に事情を聴いた。すると、結婚相手は半年くらいメール交換しているが、まだ一度も会ったことがないことが分かった。しかし、その男性にとっては「仕事とか趣味とか価値観が100パーセント合う人なので、(挙式は)大丈夫」だとのこと。不安になった式場側は、式場の資料を渡しただけで帰ってもらったという。
　別の具体例も挙げたい。ある大手の出会い系サイト(「ラブラブお見合い」http://www.acchan.com)には、数多くのカップル成立の喜びを伝えるメールとともに、失敗談もいくつか掲載されている。ストーカー被害に遭った前田桂子さん(仮名)の手紙を紹介しよう。

　　はじめまして。先日(このサイトを)退会した者です。突然のメールで、たいへん失礼かとは思いますが……
　　実は、あなたのサイトで知り合った男性と実際にお会いしたんです。でも交際をお断りしたら、脅迫紛いのメールを送ってきたり、電話を何回もかけてきたりと大変恐い思いをしています。もう、毎日が恐くて恐くて仕方ありません。だからどうか、メールの出会いにはリスクもともなうものだということを、みなさんに知って頂きたくて今回このようなメールを送らせてもらいました。
　　きっと、いい出会いに恵まれた方も沢山いらっしゃることと思います。でも、そういうことばかりではないということも、ぜひみなさんに知って頂きたいと思います。

　桂子さんのようなネット恋愛に苦い思い出をもつ者や、相手に大きな勘違いをした(された)ことのある人は少なくないだろうと思う。
　以上で紹介した体験談や手紙には、ネット恋愛一般にも妥当する傾向があるように私には思われる。それは、一方的か、双方向的かは別として、メール交換による驚くほど急激な親密性の形成である。このような短期間での相手への強い思いは、どのように生まれるのだろうか。オンライン上で行われている会話の内容を検討することにしたい。

7章　ネット恋愛のスピリチュアリティ

(2) オンライン上での会話

　前述の人たちのメール内容は分からないが、ネット恋愛を題材にした映画「(ハル)」をおもな手がかりとしてオンライン上での人々の体験を探ってみたい。

　映画「(ハル)」では、パソコン通信の映画フォーラムのチャットに参加したハルとほし（ともにハンドルネーム）がお互いの考え方に興味をもち、2人だけのメール交換をはじめるという設定になっている。2人はそれぞれの日常の出来事、抱えている悩み、また過去の恋愛体験などについて語る。

　ハル（男性）は、メールを書くことによって生みだされる気持ちについて「こうやってメールを書くのって気分良いです。真っすぐな気持ちになります」と語っている。ほし（最初は男性と名乗るが後に女性であることを告白）もまた、「仕事も毎日同じ事の繰り返しだし、職場の人間関係も狭いし、気を使うし、こうしてハルに勝手なメールを送っている時が気が休まります」と、日常生活から解放された気分を表現している。パソコン通信やメールにおいては、顔を合わせることがないために、人生や恋愛についてなど、本当は誰かと語り合いたいがなかなか面と向かって話すことが恥ずかしいことに

―メールが届いています―

(ハル) 題名「僕だけでも」
これからも僕が勝手にメールを送ります。
ほしにメールを書くことが
僕の日常なのです。
今までのメールの記録を見て
自分が変わって行くのが解りました。

(ほし) 題名「東京行きます」
知りたい、もっとハルを知りたい。
ハルの存在をもっと確かにすれば、
私が大きく変わる様な気がするのです。

「はじめまして」(^_^)
で終わるラブストーリー。

(ハル)
まだ見ぬあなたに、恋してる。

森田芳光
監督作品

映画（ハル）のビデオのカバージャケット
（東宝ビデオ、6,000円）

139

ついても、比較的簡単にメッセージを送ることができるようだ。

　オンライン上の特別な存在にむけて自己開示していくメール交換は、当事者たちの内的成長にもつながっていくと推測できる。ハルはつぎのように書いている。

「ほしにメールを書くことが僕の日常なのです。今までのメールの記録を見て自分が変わって行くのが解りました。ほし、ありがとう。これからもよろしく。」

　この時点で、何気ないメールのやりとりの結果、2人はかけがえのない存在として認め合うようになる。ほしが、「私が毎日、何を考えどう過ごしているか解って貰いたいのはハルだけです。……私にはハルが必要です」と伝えると、ハルも自分の切実な気持ちを「メールの存在、ほしの存在が、僕にとって毎日の支えでした」と打ち明ける。ハルとほしのメール交換に取り組む姿勢を見ると、2人のオンライン上の＜つながり＞が天蓋となって彼らの日常世界を支えているように私の目には映る。

　ハルとほしは映画の架空の人物ではあるが、実際のメール交換においてもこれと似た体験をしている場合が多いと思われる。コンピューター画面に対峙し、自己を見つめ直し、自らの想いを凝集して文章にまとめていく……。その行為自体が自己発見につながる契機となる。自分の気持ちを文章にまとめていく作業は、人を内省的にするのだ。精神科医である大平健が接した実在の男性は、ネットで知り合った女性とのつながりを「魂の付き合い」と表現している。この男性は、魂の交流が生まれるオンライン上でのコミュニケーションの経験をつぎのように説明する。

> 何度も何度も文章を練り直していると、「何か自分の想いがグーッと凝集するみたいな感じ」がしてくる。そして、最後に送信のボタンを押すと……その「凝集」した自分の想いがケーブルを通って進み、交換機やサーバーを通過していくうちに「ろ過」されて、ますます「ピュア」になって、彼女のパソコンへ届く。……彼女の「想い」も、自分と同じルートを逆向きに通って来て、目の前のディスプレイに到達するのだ。人間の魂とはこんな風に体を離れて行き来するものだったの

か。(大平2000：44-45)

オンライン上で交わされる会話は相手に対する熱い想いだけではないだろう。日常の悩みや関心をはじめ、好きな食べ物や学生時代の思い出など一般的な話題がほとんどであるようだ。しかし、当事者がパソコンの画面に向かう姿勢、そこに込められた凝集された思いが相手とシェアされるとき、人々はそれを「魂の付き合い」と感じる。このとき、メール相手はオンライン上の神と化す。これこそ、まさにスピリチュアリティと呼ばれるものではないだろうか。この段階で、顔も知らない相手は単なる文字の上だけでのつながりを越えた特別な存在へと進展している。ある者にとっては、日常の世界では見せられない「本当の自分」をさらけだせる唯一の他者として、別のある者にとっては現実の生活で疲れた自分を癒してくれる理想のパートナーとして、なくてはならない重要な存在になっているのだと推測される。

(3) 急激な親密性が形成されるメカニズム

ネット恋愛にみられるきわめて特異な親密性には、どのようなメカニズムが関与しているのだろうか。ネット恋愛に特徴的な急激な親密性の形成にかかわる要因をつぎの4つに分けて論じてみよう。

① 文字メッセージのみによる幻想性の強化

インターネットというメディアにおいては、(文通と同じく)視覚的、聴覚的、触覚的なメッセージがともなわない、文字のみによるコミュニケーションが行われる。心理学者の小林正幸によれば、相手に自分の感情を感じ取らせる表情や動作を「キュー」といい、そうした手がかりが少ないメールは、典型的なキューレスメディアであるという。メール交換には、言葉以外のキューがない結果として、相手に空想や感情を過大に投影しがちとなり、自分にとって都合のよい相手のイメージを肥大化することになる(2001：32)。たとえば、相手の女性のプロフィールに「体型はほっそりしていて、雰囲気は癒し系です」と書かれていれば、男性のなかにはテレビドラマやCMでよく見かける癒し系のタレントを浮かべる可能性がある。

お互いの外見のみでなく、感情表現に関しても、文字のみによるコミュニケーションでは、自分の都合のよいように相手の気持ちを解釈しがちである。たとえば、相手が自分のメールを読んで、「大変うれしかった」と返事しても、そのうれしさの経験がその人の人生においてどの程度のものなのか判断できないはずだ。しかし、自らのメールに対して「うれしい」や「楽しい」などの表現を含む返事がくると、相手は自分のことを完全に理解してくれていて、今まで体験したことのない感情をお互いが分かちあっていると信じてしまう傾向がある。

　もちろん、文字のみによるメッセージによって相手に幻滅することもあるだろう。しかし、文字以外の情報（対面状況での服装、体臭、容姿、話し方など）がネット恋愛において存在しないということは、相手に対するマイナス要因の多くも省かれることになる。したがって、文字メッセージのみによる感情の交流をしばらく続けるだけで、お互いの心の奥底にある、もっとも大切な部分を分かち合っているような気持ちになっていくのである。

② 匿名性による自己開示の促進

　ネットによるメール交換は、（文通とは異なり）信頼できる返信先の住所や筆跡、また相手の社会的、個人的な手がかりもないというきわめて高い匿名性のもとで行われる。このようなネットに特有の匿名性がさまざまな犯罪を誘発する要因ともなっているのである。しかし、一般的にこうした匿名性の保持された状況においては、独特の安心感が生みだされる場合が多い。匿名の誰かであるからこそ、自らのもっとも個人的な気持ちや誰にも言えない秘密を分かち合うことができるのだ。

　精神科医のエステル・グイネルは、ネットにおける匿名性は「人が親密になるまでに通常乗り越えなくてはならない壁を一気に打ち砕いてしまう」と論じる（Gwinnell 1998 = 2000: 55）。つまり、家族や学校や職場の人間に知られることがないからこそ、「本当の自分」をさらけだすことが可能になるのである。コミュニケーション研究の分野では、家族や親しい友人よりも、たまたま同じ長距離電車や大陸横断バスに乗り合わせた他者に対して人間が自己開示する傾向を「ストレンジャー・オン・ザ・トレイン／

バス現象」と呼んでいる。メール交換の少なくとも初めの段階においては、お互いの匿名性を保持することによって、電車やバスでたまたま隣に座った見知らぬ人に話すように、自分の秘密や希望や恐れを吐露することを促進させると思われる。こうした秘密の共有が、2人の親密性をさらに深めていくことになる。

③ 外見に対する内面の優位

通常の恋愛においては、はじめに相手の容姿や服装や表情やしぐさなどの外見から受ける第一印象に惹かれることが多い。これに対して、ネット恋愛の場合には、はじめに好きになる要素は身体的要素でなく、文字メッセージから伝わる知的要素や感情的な要素である。つまり、容姿や雰囲気など外見的な印象は主要な恋愛要因にならず、内面性、文章力、知性などが前面にだされるのだ。もちろん、個人のプロフィールに掲載されている身体的要素（たとえば、筋肉質とかよいスタイルといった体型的特徴、あるいは似ている芸能人など）は、メール交換する相手を選ぶ場合には重要な基準ではある。しかし、一旦メールのやりとりが開始されると、個人の内面性がより重視されるようになることが多い。

メディア・フレンドを研究するプロジェクトに参加した中京大学社会学部の加藤晴明ゼミ生の一人は、通常の恋愛プロセスが「すがた」→「おもい」→「からだ」に対して、ネット恋愛では「おもい」→「すがた」→「からだ」であるという興味深い指摘をしている（加藤編2000：7）。要するに、お互いの深い理解や親密さが2人を結びつける第1の要素となるのである。ネット恋愛においては、2人の関係が外側から始まるのではなく、内側から発展していくだけに、自分たちのプラトニック（純粋に精神的）な関係を特別に親密なものと感じるのではないかと考える。

④ 日常生活を侵食しないコミュニケーション・スタイル

ネット恋愛における親密性の形成は、インターネットというメディアがもつ独自のコミュニケーション・スタイルともかかわっている。現代の多くのコミュニケーション（直接的な会話や電話など）が相手の日常生活に関与するのに対して、ネットの場合では好きな時間にメールをチェックし、

都合のよいときに自分のペースで返事を書くため、メッセージの送受信は相手の生活の場に突然侵入することはない。グイネルが指摘するように、電子メールのやりとりは、「どちらも自分の空いた時間に返事を書けばいいという会話でありながらも、相手をひとりじめにできる時間が保証されて」いる（Gwinnell 1998＝2000：80）。ネット恋愛の相手は、決して自分の日常の邪魔をしない理想の相手となるのである。

　また、メール交換では、自分に対する批判を受けることは一般的には非常に少ない。これもオンライン上でのコミュニケーション・スタイルとかかわっている。ネット恋愛におけるメール交換の相手は、日常ではまったく関係することがないため、自分の意見や思いを受け止め、理解し、暖かい賛同の言葉や心地よいアドバイスをくれる寛容な存在となりやすい。このような居心地のよいインターネットのコミュニケーション・スタイルによって、親密性が急速に深められるといえるだろう。

　以上論じてきた、相互に関連する4つの特徴は、ネット恋愛の特性である急激な親密性の形成に影響をおよぼしている点である。

4　ネット恋愛と宗教における「特別な存在」

　前節では、ネット恋愛におけるオンライン上の特別な存在との交感が「魂の付き合い」というスピリチュアルな特質をもつ可能性のあることを指摘した。こうしたインターネットというCMC（Computer Mediated Communication）空間の現実空間に対する優位性を、社会学者の加藤晴明はメディア文化研究における「二世界問題」という視点から読み解こうとする。加藤は映画「（ハル）」やドラマ「WITH LOVE」において、「私たちが現実だと思っている制度空間・対面空間が"ウソ"や"仮"であり、メール空間というCMC空間の方が"ほんとう"で、"自分を力づけ、支えてくれる力をもっている"という、リアリティの位相反転図式」があると指摘する（2001：127）。メディア研究において、この「二世界問題」は、現実空間とヴァーチャル空間の関係性を把握するために大変興味深いテーマで

あると思う。本節では、この主題を宗教研究における二世界問題、すなわち、聖と俗、彼岸と此岸、あの世とこの世などの構造と比較検討し、宗教とネット恋愛のスピリチュアリティの特徴を究明したい。なぜなら、この２つがきわめて似た構造をもっているように私は捉えるからだ。

(1) ネット恋愛と宗教の共通項

　そもそも伝統的な宗教世界において人々が感じるスピリチュアリティとは、当事者が何らかの手の届かない不可知、不可視の存在（神、大自然、宇宙、母なる大地、先祖の霊、特別な人間、国家など）と神秘的なつながりを得て、非日常的な体験をしたり、自己が高められるという感覚をもったりすることである。言い換えれば、日常の現実世界は常に仮で、偽りに満ちており、俗なる領域である。この日常世界は、聖なる領域とつながりをもってはじめて光り輝くのである。

　宗教における聖なる空間は、そのままヴァーチャル空間に置き換えて考えることができるように思われる。ここでは、ネット恋愛と宗教世界の類似点を、１）当事者が対象に向かう姿勢、２）対象のイメージ、および３）当事者と対象との相互交流の結果もたらされるもの、の３点から考察してみよう。

　まず、当事者が対象に向かう姿勢については、宗教でもネット恋愛においても、自己のエネルギーを凝集して真実の自分を表現しようとする点で一致する。すでに指摘したように、ネット恋愛では、メールを書く行為自体が自分の内面を見つめ直す機会となるし、時間をかけてまとめた気持ちは凝集された想いとして対象に向かう。宗教世界においても、文章化しないだけで、自分の想いを対象に語りかける姿勢は同じであろう。つまり、両者とも真摯な態度で、対象（オンライン上の相手、神）に向かい、つながりを得ようとするのである。

　つぎに対象へのイメージや期待であるが、ネット恋愛においては、まだ見たこともない相手は、神や天使やあの世や天国と同じように神秘性を帯びた「むこう側」に存在し、「こちら側」にいる自分を真に理解し、受け

145

止めてくれる存在である。宗教世界においても同様であり、対象は自分を理解してくれたり、見守ってくれる特別な存在であろう。あるいは、完全に当事者のことを理解しているがゆえに、嘘のつけない、畏れ多い存在である。いずれの場合でも、対象は未知であり、抽象的で想像力を働かせないと把握できない存在であるがゆえに、日常生活で接する人々とは異なり、「本当の自分」をさらけだすことが可能となるのだ。

　最後に、当事者と対象との相互交流の結果として生みだされるものは、自己変容、自己理解の促進、および＜つながり＞の感覚を通じての自己解放である。この点においても、宗教とネット恋愛の違いはない。特別な存在とオンライン上でつながること、あるいは、神や宇宙や大自然と一体化することは、ネット恋愛や宗教の当事者にとってきわめて重要な体験であるし、それを通じて自分自身が変容を経験する場合が多いはずだ。いずれの場合にも、当事者の気づかない現実を教えてくれたり、当事者にさまざまな働きかけやアドバイスをすることによって、内的成長を助けてくれるのである。

(2) ネット恋愛と宗教の相違

　こうしたスピリチュアリティの特徴を比較検討すると、宗教世界とネット恋愛においての体験とがかなり類似することが分かる。しかし、両者をまったく同等に扱うことはもちろんできない。その相違点を3点指摘したい。

　第1の違いとして挙げられるのは、両者に対する人々の利用目的や関心である。宗教では本来、人生の究極的な意味や宇宙のありかた、また悪や不平等の存在についての何らかの解答を人々に与えることが、その存在意義の1つとなっている。しかしネット恋愛では、とりたててこうした問題を扱おうとしているわけではない。出会い系サイトに参加する目的はパートナー探しである。チャットでは、趣味についての情報交換がメールの当初の目的だろう。メールの話題は、お互いの日常生活（好きな食べ物、仕事の内容など）であり、人生の意味（抱えている悩みなど）について多くの時間をかけて議論しているわけではかならずしもない。したがって、ネッ

7章 ネット恋愛のスピリチュアリティ

ト恋愛やより広くは CMC 空間自体が宗教的であるとはもちろんいえないと思う。人によっては、パソコンや携帯電話によるメール交換は、単なる情報収集のツールとしても利用できるからだ。

　第2の違いは、ネット恋愛でスピリチュアルなつながりを感じるのは、特別な存在との個人的な一対一の関係にかぎられている点にある。宗教世界では、宗教的達人や特殊な修行をつんだ人、なかには一般の人でも個人的に宇宙や自然や神とつながる場合がある。しかし、より一般的なのは、宗教的共同性（教会、地域共同体、家族など）に基づいた集合的状況において表出するスピリチュアルな体験である。これに対して、インターネットはスピリチュアルな体験を容易にする現代的装置かもしれないが、そこに明確な共同体は存在しない。自分を理解し、よきアドバイスをくれる寛容な他者はオンライン上におり、その関係はきわめて双方向的ではあるが、個対個のレベルにとどまるきわめてプライベートなものである。

　第3の相違は、ネット恋愛においては、宗教とは異なり、まだ見ぬ存在とのスピリチュアルな関係にとどまり続けることが困難な点にある。「愛をください」の李理香と基次郎のように、文通の条件として、「お互いに絶対に会わないこと」を決めていたケースを除いて、近い将来、2人は現実世界で対面することになる。もし仮に、カップルになったとしても、現実世界と CMC 空間でのつきあいは大きく異なることだろう。現実では、オンライン上でのような手の届かない神秘性は大きく失われるからだ。これに対して、宗教世界では、聖俗の区分は明確であり、むこう側の世界は神秘的かつ抽象的で、こちら側の現実に回収されることなく、手の届かないままの状態でいられる。そこに両者の違いを見いだすことができると思う。

　以上まとめた相違点はあるが、当事者の経験レベルに焦点をおくならば、宗教世界、ネット恋愛の世界に参加する人たちはきわめて似通った体験、すなわち、魂の交流や未知なるものとのつながりを通じた自己変容というスピリチュアルな体験をするといえるだろう。

5　ふたたび日常へ、あるいは新たな神を探して

　ネットによる出会いが広がった背景には、パソコンや携帯電話を通じてのインターネット利用の普及という技術的な発展とともに、現代社会のあり方も大きくかかわっていることは確かなように思われる。現代社会においては、個人の公私にわたる生活において、ビジネスライクなつきあいが増加し、時間を気にせずに互いの内面について語り合える場所や、新しい人間関係を育む機会が減少している。「つながりたい」という気持ちはどの時代のどの社会においても、人々に共通する欲求であろう。信頼できる他者との何らかの形の親密性を探し、「本当の自分」を理解してもらえる機会を求めている人は現代でも少なくないはずだ。家庭や地域、学校や職場といった生活の場における個々人のつながりが希薄化した現代社会だからこそ、ヴァーチャルな世界のなかに「本当の自分」を表現し、他者との親密性を形成する場所を求める現代人が増えているのだろう。

　しかしながら、オンライン上で特別な存在とつながることはそれほど容易でないことは強調しておきたい。本章では、出会い系サイトを通じてカップルになった「成功例」をおもに扱ってきたが、サイトに登録した男女の大半は、多くの異性とメール交換をして実際に会ったとしても恋人になるわけではない。前述したように、メール交換相手と実際に会った後、ほとんどの場合は、メールでの印象と現実との多大なギャップに落胆し関係が終結してしまうのだ。また、ネットを利用した悪徳商法に巻き込まれるかもしれないし、ストーカーの被害に遭うかもしれない。この可能性もかなりあるだろう。さらに、ネット恋愛に成功しカップルになったとしても、その2人が親密性を維持し続けるために乗り越えなければならない困難は大きい。ネット恋愛をしたカップルは、2人がこれまでもっとも多くの時間をかけて親密性を維持・発展させてきたメール交換以外の手段によって、まったく新しい形態の交流をもつことが不可欠となるからだ。

　こうして考えてみると、ネット恋愛の行く末はそれほど明るくもないようだ。もしも、「魂の交流」をオンライン上で実感した相手と実際に会っ

7章　ネット恋愛のスピリチュアリティ

てみて落胆した（された）ならば、気を取り直して新たな神を求めてネット上をさまようのだろうか。あるいは、ネット恋愛の末にカップルとなったときには、相当な努力と忍耐によって日常世界での質的に異なる新たな関係性にうまく変容させることはできるのだろうか。ネット恋愛の結末には、いずれも困難な状況が待ち受けていることだけは確かであるように思えてならない。

　本章で扱ったネット恋愛への考察は、宗教がかかわる聖俗の二世界構造の特質を私自身が再確認する機会ともなった。よく考えれば気づくことかもしれないが、宗教世界が人々に喚起するスピリチュアリティは、特別な存在が抽象的で匿名性を帯び、非日常的であり、かつ日常に回収されることがないことを前提としている。それゆえに、当事者は「他者」について自分なりの思い入れをもつことができ、結果として「本当の自分」をさらけだして真実のつきあいができるのだ。

　一方、ネット恋愛におけるオンライン上の特別な存在が日常世界に回収される可能性をもっているということは、ネット恋愛が宗教の代替物とはなりえないことを意味する。だからといって、ネット上の他者との交感を無効化する必要はないだろう。少なくともしばらくの間は、当事者は日常では経験できないような自己を深く見つめ直す機会をもち、また自分の素直な気持ちを伝えようとする真摯な態度になれるのだから。ネット恋愛から表出するスピリチュアリティを、つかの間の希望の光しか与えないと否定的に捉えるか、日常世界にひとときの輝きをもたらしてくれると肯定的に考えるのか、それは人々の受け止め方次第だろう。だが、1つだけ言える確かなことがある。それは、すべてを包み込む大きな物語が存立しづらい現代では、あちこちにあるかすかな光──ワールドカップの熱狂、恋愛のときめき、映画や音楽や書物の感動、友人や恩師との出会いなど──を主体的に見つけだして、自分自身で意味の網の目を丹念に紡ぎ合わせていく以外、暗闇からの解放などないということだ。オンライン上であろうとなかろうと、特別な存在を想起した生き方を1つの糸口にするのも悪くないのではないか、このように現在の私は思っている (注3)。

III部　新しいスピリチュアリティ研究へむけて

注 (1) 恋愛観・結婚観の歴史的展開に関しては、井上俊 (1973)、牟田 (1998)、山田 (1996) をおもに参照した。
(2) 本章の2節の2)、3)、および3節3) で用いた資料や考察の大半は、林 (2002) に基づいている。林と筆者は共同で資料収集し、ネット恋愛という現象をめぐる分析枠に関して長期間にわたる意見交換をおこなっている。本稿では「ネット恋愛とスピリチュアリティ」という視点を新たに導入し、それが本論文の中心テーマとなっていることを考慮にいれて、林本人の了解を得て単著の形で発表することにした。
(3) たとえば、作家の田口ランディ (2002：22-23) はエッセイ集のなかでつぎのように述べている。
　……「神様はいますか？」と聞かれたら、私は、「たぶん、いると思う」と答えようと思う。見たことないし、対話したこともないけれど、いてくれないと都合が悪いんだ。(中略)
　私がこうして生きていることの意味を、そして私が生きている限り、私以外の人は先に死んでいくことの意味を、私はときどき問う。問わなければ苦しくなる。
　その問いの先に、神様がいる。
　答えてくれなくてもいいのだ。いてくれればいいのだ。そうすれば私はなんとか自分でやりくりして、不承不承死んでいくだろう。
私が「特別な存在を想起した生き方」として念頭においているのは、こうした態度である。

8章　宗教・宗教性・スピリチュアリティ
──21世紀の宗教社会学への提言──

　本章の目的は、現代の先進資本主義諸国の宗教状況に適した研究視座を確立し、21世紀の宗教社会学にむけてのいくつかの課題を提起することにある。具体的には、マクロ・レベルでは、制度としての宗教（たて割の宗教社会学）のみでなく、世俗社会の宗教的次元（よこ割の宗教社会学）をも研究対象とすることを掲げ、「文化資源」としての宗教──これは宗教以外の社会諸制度の領域にも存在する──に着目することをめざす。また、ミクロ・レベルでは、当事者の能動性、選択性、感情的側面にも着目して、担い手自身がどのように自らの意味と感性の基盤にかかわるような対象をスピリチュアルなものとして捉えるのかの究明を試みる。これらはともに、今日の制度宗教を自明の対象とする傾向の強い宗教社会学から脱却し、制度や組織性では括りにくい現代的な宗教現象をも理解できる研究視座を確立することにつながると考える。

1　宗教社会学の現在

　20世紀後半の宗教社会学において、もっとも重要なテーマの1つは、近代化と宗教とのかかわりについてである。この問題に対して多くの社会学者は、近代化によって、宗教が社会全体や人々の意識におよぼす影響力は減退すると主張してきた（本書2章を参照）。しかしながら、こうした1960年代以降の欧米の宗教社会学で中心的位置を占める世俗論を検討する以前に、指摘すべき問題がある。それはきわめて多くの研究者が、人々の制度宗教、すなわちキリスト教や仏教などの社会に広く浸透した伝統宗教と

のかかわりをその議論の大前提としていることにある。つまり、宗教的信念はキリスト教における原罪や天国や神の存在を信じることとして、また、宗教的コミットメントはキリスト教会への所属率や出席率として扱われてきたのである。

　筆者は宗教の定義を、ベラーにならって「現実とは究極的に何であるのか、宇宙における秩序（あるいはしばしば無秩序）の根源は何であるか、人間にとってもっとも一般的な意味でいかなる権威を受け入れることができるのか、そしてそのような世界において個人のいかなる行為が意味をもつのかを明らかにしたりあるいは暗示したりする」ものであると理解する（Bellah 1965＝1973：245）。こうした社会生活を営む人々の考え方、感じ方の基盤となるような存在を広義の宗教とするなら、それは制度宗教のみにかかわる内容ではないはずだ。しかし、20世紀後半、とりわけ過去20年以上の研究において、社会学が対象とする「宗教」はかなり限定されてきている。たとえば、シャーカットとエリソンは、過去10年以上にわたるアメリカの宗教社会学の動向を分析している。彼らは、膨大な文献を批判的にレビューしながら、人々の宗教的信念やコミットメントの推移、また、宗教心の他の生活領域（政治、家族、健康・福祉など）への影響に関する諸研究を検討しているが、その対象はキリスト教のみであった（Sherkat and Ellison 1999）。

　こうした宗教社会学の動向は、先進諸国のなかでもキリスト教の影響が依然として根強いアメリカでは、当然の結果なのかもしれない。しかし、制度宗教を自明の対象とする研究動向は、宗教社会学の行き詰まりをもたらす可能性がある。というのも、第1に、現代社会においては、近代化にともなう社会分化により、経済、政治、教育、家族、宗教などの諸制度がある程度分離し、制度宗教自体の他の社会領域への影響力は減少してきているからである。つまり、経済、政治、教育、家族などの諸活動は、宗教との密接な関連なしに成立しうるのであり、制度宗教を研究することによる社会学全体への貢献は徐々に弱まることになる。

　第2に、現代の宗教状況において制度宗教は依然として根強い影響力を

もつが、1970年代後半以降、ニューエイジに代表される、組織性をかならずしもともなわない、ゆるやかなネットワークを重視する宗教文化が出現し、今日まで発展を遂げている。また、いわゆる宗教の領域外で人々がスピリチュアリティを見いだす場が提供されるようになってきた。自己啓発セミナーや各種のセルフヘルプ・グループはその典型であろう。現状の研究対象の設定では、現代宗教の展開を十分には把握できず、結果として宗教社会学の存在意義を弱めることとなる。以上述べた2点は、宗教社会学の低迷をもたらす可能性のある外的、内的要因である。

本章の目的は、現代の先進資本主義諸国の宗教状況に適した研究視座を確立し、21世紀の宗教社会学にむけてのいくつかの課題を提起することにある。次節ではまず、宗教から宗教・宗教性・スピリチュアリティに分化してきた社会状況を考察し、これらの用語を規定することからはじめたい。

2　現代宗教の変容
――宗教から宗教・宗教性・スピリチュアリティへ――

先進諸国の宗教状況において、過去30年間に生じたもっとも大きな出来事の1つは、一方で宗教とスピリチュアリティが、他方で宗教と宗教性（religiosity, religiousness）が分化したことである。これら3つの語が指す対象は、明確に区分されているわけでなく、研究者によってもその定義は多様である。しかし重要な点は、現代社会のなかに「宗教」は嫌いだが「スピリチュアリティ」には興味をもつという人々が増加し、また「宗教」とは呼べないかもしれないが「宗教的なるもの」と考えられる団体やネットワークや領域が出現しはじめたことである。

まず、宗教とスピリチュアリティの区分について考えたい。ジンバウアーらは、アメリカの宗教状況において、宗教とスピリチュアリティの語がどのように分化してきたのかを論じている（Zinnbauer et al. 1997）。歴史上の比較的長い期間、これらの語はそれほど明確に区別されることなく、どちらかといえば宗教を広義に捉え、そのなかにスピリチュアリティが含ま

れていたという。しかし、20世紀に台頭した世俗主義の影響や、制度宗教は個人の聖なる経験を阻むものというイメージが増すにつれて、宗教に対する信頼は揺らぐことになる。その結果、宗教とは異なるものとしてのスピリチュアリティへの関心が高まり、「スピリチュアリティ」という語は過去25年間で頻繁に使われるようになってきた。こうした一般の人々の社会意識の変化に対応して、研究者も宗教を以前よりかなり狭義に規定し、「宗教」は宗教諸制度や明文化された教義や儀礼という形式上はっきりと組織だっているものを指す傾向がある。他方、「スピリチュアリティ」は個的な超越感や超感覚性、あるいは人生の意味といった個人的な現象を対象にしているとジンバウアーらは指摘する。

　ジンバウアーらは、宗教と宗教性（宗教的なるもの）をほぼ同義語として使用し、それらとスピリチュアリティとの区分に焦点をおいている。しかし、宗教と宗教性を区別する研究者もいる。1960年代にすでにルックマンは、「見えない宗教（invisible religion）」の表現を使って、従来のキリスト教会という独占的な制度宗教では括ることのできない現代社会の宗教現象を理解しようとしていた（Luckmann 1967＝1976）。しかし、既存の宗教概念の対象となりにくい周辺領域の存在は、現在に近づくにつれてより鮮明となり、「見えない宗教」以外でも、「代理宗教（surrogate religion）」、「暗黙の宗教（implicit religion）」、「拡散宗教（diffused religion）」などの語が使われるようになってきている。これらはすべて、「宗教的なるもの」にかかわる対象を規定しようとする語彙と捉えてよいだろう。

　宗教周辺領域の規定に関して、比較的明確な分類をしているのがグレイルである。彼は、一般のアメリカ人からは宗教と理解されにくいが、宗教と似た特徴をもつ一連の現象を「類似宗教（para-religion）」と「疑似宗教（quasi-religion）」に区分している。グレイルによれば、類似宗教は、「見かけ上は非宗教的だが、組織宗教と共通する諸特徴をもつもの、あるいは、世俗的事業でありながら究極的関心に関与するもの」を指す（Greil 1993:156）。その具体例として、アムウェイやハーバライフ・インターナショナルといったビジネス団体、毛沢東信奉者のグループなどの政

治団体、あるいは人生の変容を掲げダイエット・プログラムを提供したり、健康食品を扱う医療・健康団体などが挙げられる。これに対して疑似宗教は、従来の社会学的定義においても「宗教」に属し「聖なるものにかかわるが、アメリカ人一般のカテゴリー化からは宗教とみなされないグループ、あるいは意図的に聖俗の明確な区分を避けている団体」を指す。断酒の会であるAA（Alcoholics Anonymous）に典型的にみられるセルフヘルプ・グループの一部、ヒューマン・ポテンシャル運動、ニューエイジやオカルトの各種団体が具体例となる。

　ここで、宗教、スピリチュアリティ、宗教性のおおまかな内容に関して、筆者なりに整理したい。まず社会学的対象としての宗教は、本章の冒頭に掲げたベラーの定義に基づき広義に捉えて、スピリチュアリティと宗教性を含むものとする。そのなかには、井門（1974）が分類した、制度宗教（キリスト教や仏教などの伝統宗教）、組織宗教（社会運動としての側面をもつ新宗教）、文化宗教（民俗宗教）、個人宗教（ニューエイジなど）が含まれる。

　つぎに、宗教性（やそれに関連する語）とスピリチュアリティの区分をしたい。実際のところ、これら2つの語が混同して使用されることは比較的少ない。たとえば、「わたしはコロラドの大自然のなかでスピリチュアリティを感じた」と当事者が言うことはあっても、スピリチュアリティを宗教性と置き換えて表現されることはほとんどないだろう。逆に、「オリンピックというスポーツの祭典に現代の宗教性の1つの形を見いだす」とある社会学者は述べるかもしれないが、この場合には宗教性をスピリチュアリティに置換しにくい。これらの例が示すように、「スピリチュアリティ」はおもに当事者の個人的体験を指す。それゆえ、担い手自身の語りのなかに使用されることが多い。また、研究者が使う場合でも、宗教を実践する主体に着目し、その当事者の超越的体験、超自然的な感覚、人生の意味の基盤などを表すときに用いることがほとんどである。

　他方、「宗教性」は、（たとえば「道徳性」が「道徳のあり方」を意味するように）原則的には「宗教のあり方」を表し、対象とする現象や領域を第三者の立場から客体化して指し示す語である。したがって、日常生活を営

む一般の人たちがこの語を使用する機会はあまりない。この語を使用する研究者は、制度宗教や組織宗教以外の対象領域を設定したり、既存の宗教概念では括りにくい対象をも含む広義の宗教を明確化する際に用いる傾向にある。もちろん、当事者や研究者によっては異なる使用法があるだろうが、筆者は以上の原則に従ってこれらの用語を使用する。

3　現代宗教へのアプローチ

　研究者や一般の人々が新たな語を用いるのは、現代社会が急速に変化し、そのなかでの宗教のありかたも大きく変貌していることを表している。エルヴュー＝レジェは、ルックマンの研究に言及しつつ現代宗教の特徴をまとめている。彼女によれば、現代社会においては、「宗教は、専門化した各種領域や諸制度の配列を横切って断片化してきている。したがって、個々人は、グループあるいは単独で、自らが選択した経験の次元――家族やセクシュアリティや美学など――に基づいて意味宇宙を構成する。現代的な聖性が構成され拡大したのは、入手しうる文化的シンボルのストックに対して、個々人が直接アクセスできるようになった結果である」(Hervieu-Lèger 2000:33)。この指摘には現代宗教を特徴づける重要なポイントが含まれている。つまり、現代社会においては、1）宗教が断片化、逆にいえば社会諸制度に拡散、浸透してきていること、2）宗教が文化資源の集合体として理解できること、3）宗教に個々人が直接的に、能動的で選択的なかかわりをもちうることである。これら3点を本節では考察していきたい。

(1) 社会の宗教的次元へのアプローチ

　現代社会における宗教の断片化、拡散、浸透を理解するためには、宗教を機能的に捉え広義に規定する必要がある。その1つの手段が、「よこ割の宗教社会学」であると筆者は考える。まずは、その枠組みを図式化して明示したい。

　図1に示したのが、従来行われてきた「たて割の宗教社会学」である。

8章 宗教・宗教性・スピリチュアリティ

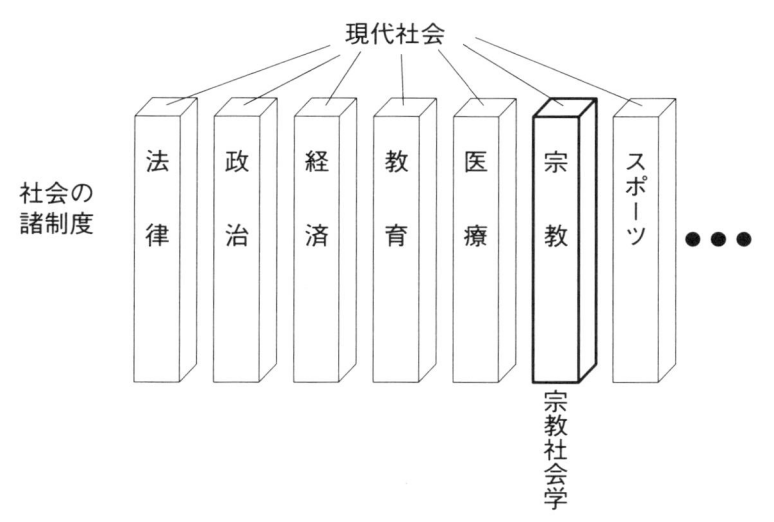

図1 たて割の宗教社会学

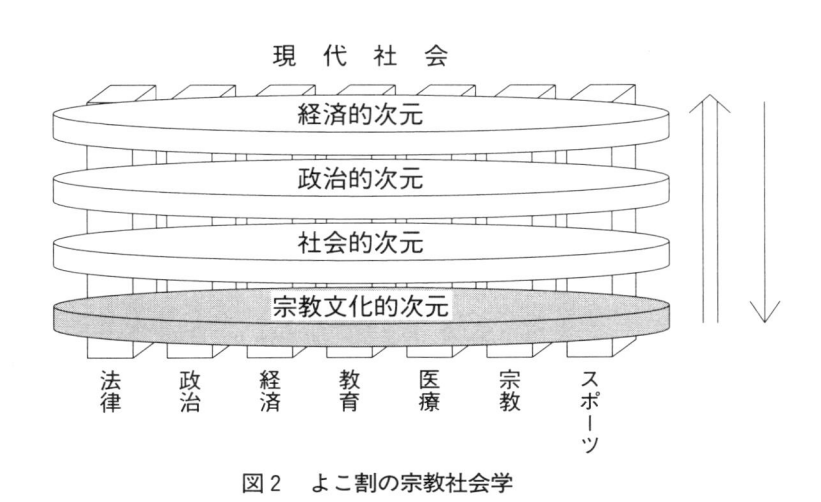

図2 よこ割の宗教社会学

現在でも多くの社会学の専門分野は、家族社会学、医療社会学、スポーツの社会学というように制度的特質に基づいて区分されている。もちろん、制度を軸とした宗教の対象領域の設定が、現代社会において無効になったわけではまったくない。現代でも制度宗教の影響力はかなり強い。しかし、制度宗教の威力が衰えている地域（おもに西ヨーロッパ諸国）があり、また、エルヴュー＝レジェが指摘するように、宗教が諸制度を横断して断片化し、全体社会に拡散してきているのも事実である。このように考えると、現代社会において、制度宗教から横溢（おういつ）する宗教現象、また制度宗教以外の宗教性の領域、さらに人々がスピリチュアリティを見いだす現場を研究調査することは、21世紀の宗教社会学にとって最重要課題の1つと理解して問題ないだろう。

そこで図2に示したのが、現代の宗教性を把握するために有効と思われる「よこ割の宗教社会学」である。ここでは、宗教を制度や組織でなく、文化資源（シンボル、信念、価値観の集合体）として捉えている (注1)。重要な点は、宗教以外の諸制度においても、目標達成や存在意義を根拠づける意味の基盤が不可欠であり、それが宗教的次元によって構成されていることである。もちろん、宗教を文化資源として捉え、人々の生き方や考え方や感じ方の根源的基盤になるものとする機能的定義は、その対象が広がり過ぎてしまうという問題点をはらんでいる。しかし、現在の宗教社会学においては、きわめてまれにスポーツや政治の宗教的次元が取り上げられているのみである (注2)。したがって、現状において機能的定義を問題視する必要はほとんどないと思う。

よこ割の宗教社会学は、当然のことながら制度宗教や組織宗教における宗教的次元も対象とする。それと同時に、この捉え方は宗教制度内での非宗教的次元の存在をも自覚し、それらに着目する研究の方向性を示唆している。たとえば世間を騒がすような、いわゆる「破壊的カルト」に対しては、その資金源や財政状況（経済的次元）、権力構造（政治的次元）、集団内のダイナミクスや組織外との軋轢（あつれき）や勧誘活動（社会的次元）などの問題を扱う必要が場合によってはあるだろう (注3)。

(2) 制度宗教から文化資源としての宗教研究へ

つぎに、社会諸制度の宗教的次元に焦点をおいたり、宗教を文化資源として捉えるアプローチを考察する。ここでは、宗教社会学の領域に限定して、先駆的諸研究を検討したい。

パーソンズ（Parsons 1963）は社会諸制度が高度に分化した欧米諸国、とりわけアメリカにおいて、宗教はその影響力を失うどころか宗教以外の生活領域に浸透し、社会自体がキリスト教的信念に満たされることになると捉える。具体的には、初期キリスト教にすでに存在し、宗教改革以降に顕著になった、個人の魂の救済を重視する高度に個人主義的な価値観（宗教的個人主義）が、社会全般に浸透し制度化されていく歴史的過程を分析する。パーソンズは、宗教の衰退を意味する世俗化（secularization）に対して、近代化が逆に、一般社会の聖化（sacralization）をもたらす可能性のあることを指摘している。

またベラーも、文化体系としての宗教を研究対象としている。彼が提案した「市民宗教（civil religion）」概念は、アメリカの政治制度における宗教的次元を対象とし、したがってよこ割の宗教社会学の先駆けといえるだろう。また、『徳川時代の宗教』においても、日本社会の中心的価値を政治、経済体系それぞれに探り、明治維新以降の近代化を押し進めるのに不可欠な価値・規範がどのように生活全般に浸透したのか、またその宗教文化の特質が何かを把握しようとしている（Bellah 1967＝1973, 1957＝1996）。このように、パーソンズとベラーは、人々の生活世界に浸透し、その方向性に影響を与えるような価値、信念、シンボルの体系を宗教として捉える。文化資源としての宗教は、制度宗教はもちろんのこと、それ以外の諸制度のなかにも浸透している幅広い現象として理解できるのである。

現代の宗教社会学者のなかで、社会制度としてではなく文化資源として宗教を理解する必要性をはっきり論じているのがベックフォードである。彼は、先進諸国における近年のもっとも重要な宗教状況の変化として、リベラルで非排他的な、比較的新しいタイプのスピリチュアリティが組織宗教の内外で広がりつつあることに着目している。彼は、新しいスピリチュ

アリティ（new spirituality）の特徴として、これがかならずしも超自然的なものに言及することなく、たとえば人間と人間以外、公と私、物質と精神などの相互連関を強調する、ホリスティック（全体論的）なものの見方を志向する点にあると捉える（Beckford 1992：17-18）。ベックフォードは、この比較的新しいホリスティックな感性が、組織宗教の内部とともにほかの社会領域に対しても影響していると論じるが、ここによこ割の宗教社会学を見いだすことができる。具体的には、医療、教育、エコロジー、ジェンダー、死、あるいは経営管理といった領域においても、人間の全体性や、人間とそれ以外との相互連関というテーマにかかわる見方が広まりつつあるという（1章4節、2章3節参照）。

　島薗は、日本の状況を含む先進諸国全般に対して、ベックフォードと類似した事実認識をしている（2000a：116）。彼は、現代宗教を理解するために、欧米のニューエイジ、日本の「精神世界」、さらに組織性のゆるやかな一部の新宗教を含む個人の意識変容を重視する運動群や文化形態を「新霊性運動＝文化」として概念化する（詳しくは1章2節参照）。この宗教文化は、やはり制度宗教以外の生活世界にも浸透しているという。島薗によれば、公共空間、より具体的には医療、介護・福祉・セラピー、教育などの諸領域において、宗教的な言説や動機が折り込まれてきており、それらは社会領域の「再聖化」として捉えられる状況も少なからずあると論じる。

　以上考察してきた研究者たちが扱う対象は、狭義の「宗教」とは呼べないかもしれないが、人々の意味の基盤や価値判断の基準、ものの見方や考え方、あるいは感じ方に影響を与えているという点では広義の宗教と捉えてよいだろう。

(3) 当事者の選択性・能動性──「道具箱」としての宗教

　パーソンズ、ベックフォードらの議論を中心として、文化資源としての宗教研究の重要性を論じてきた。しかし、彼らの議論に問題がないわけではない。第1に、彼らの論点からは、実証研究にむけてのはっきりした指

針が見えてこない。確かに、ベックフォードや島薗のいう生活領域への聖性の浸透は十分うかがえる。しかし、その根拠となる具体例をいくつか取り上げるだけでは世俗社会の再聖化だとか、ホリスティックな関心の高まりを例証したことにはならないだろう。また、ベラーの『徳川時代の宗教』は、多くの資料を駆使した実証研究といえるかもしれない。だが、彼の調査対象が江戸時代の日本社会であり、現代の状況にまでおよばなかったのは、理論的な制約が関与していた可能性がある。

　ここに、実は第1の問題と密接にかかわる第2の問題点が浮かび上がる。それは、地域共同体の絆が弱まり、都市化が進展する現代社会では、社会成員の凝集性が薄れてきており、画一的で統合的な価値観の浸透は設定しにくいことである。特定の価値が社会に広がっているといっても、その受け止め方は担い手たちによって大きく異なる可能性がある。もちろん、現代社会においても、当事者たちの選択の余地のないほど深く浸透した価値観はあるだろう(注4)。また、本人が選択しているつもりでも、マス・メディアなどの影響によって、結果的には多くの人々にきわめて画一的に広がっている現象もあるはずだ。ただ、特定の価値観への解釈や理解のバリエーションが、現代では伝統社会に比べて大きいのも事実である。したがって、均質性の薄れた現代社会における宗教性・スピリチュアリティを理解するためには、担い手の側から宗教現象に接近していくしかない。すなわち、当事者たちが、どのように多様な選択肢のなかから自らのアイデンティティにふさわしい信念やシンボルを獲得し、自己の意味世界を構成していくのかの解明が不可欠となるのである。

　こうした批判に答えるべく提出されたのが、スウィドラーによる「道具箱 (tool kit)」としての文化概念である (Swidler 1986)。これは現代宗教研究に対しても応用可能であると思われる。彼女は、文化が人々の行為に影響を与えるのは、行為を方向づける究極的価値を提供するからではなく、人々が行為の戦略を構成するのに必要な習慣や技法やスタイルのレパートリーを形成するからであると論じる。この文化的レパートリーをスウィドラーは「道具箱」と捉える。この道具箱のなかには、多様な、ときには矛

盾するシンボル、儀礼、物語が含まれており、各部分が独自の歴史をもった重層的なかたまりであるとする。当事者は、その道具箱の工具を異なる種類の諸問題に対して、違った組み合わせで使用していると指摘する。つまり、文化は統一的な体系として一貫した方向づけを行為に与えるのではなく、行為者が一連の行為を築きあげるために、異なった断片を選択していくことが可能な道具箱なのである。

スウィドラーによる文化概念も、パーソンズやベラー同様、結果的には社会的行為に多大な影響を与えることになる。しかし、その与え方が大きく異なるのだ。スウィドラーは、つぎのように述べている。

> 行為の戦略は、文化的所産である。ある集団や社会の象徴的経験、神話の伝承、儀礼の実践は、気分や動機づけ、経験を秩序立てたり現実を評価する仕方、行為を規制する様式、また社会的結束を形成する方法を生みだす。こうしたものは、行為の戦術を構築するための資源となる。(Swidler 1986：284)

本章では現代宗教を究明するための有効なパースペクティブ（観点）、具体的な分析が可能になるような新たなアプローチを模索している。この試みにおいて、スウィドラーの文化概念を応用して宗教を道具箱として理解すれば、現代社会に特徴的な個人の選択性の増加や、社会諸制度の細分化にも対応できる。また当事者の宗教への接近に注目すれば、組織性では括れない現象に対しても適応が可能となる。つまり、道具箱としての宗教概念により、行為者が宗教という文化資源にアクセスし、交渉して、道具箱から自己に必要な要素を選択していくという理解が可能となるのである。

4　コンテクストとしてのグローバル化

以上論じてきたように、宗教を文化資源として捉え、そこにアクセスする当事者に着目することは、現代の社会・文化的状況の変化に対応したアプローチといえるだろう。では、そもそも現代の宗教性・スピリチュアリティ自体の新しさはどこにあるのだろうか。

筆者は、現代的な宗教現象には独特の新しさがあり、それは近代化、とりわけグローバル化にともなう地（社会状況）と図（宗教現象）の関係が織りなす質的変容を捉えてはじめて明らかになると考える。

(1) 社会・文化的な統合と差異化

グローバル化とは、現代の社会生活を特徴づける相互結合性と相互依存性のネットワークの急速な発展によって生みだされる、「世界の縮小と1つの全体としての世界という意識の増大」を指す (Robertson 1992 = 1997 : 19)。現代社会とそこで生活する人々が直面している大きな変容のプロセスの一側面は、この「グローバル化」をキーワードとして把握することができる。要するに、以前はさまざまな社会的・文化的活動は、特定の地域における比較的独立した現象として理解可能であったのが、今日では、グローバルなコンテクストにおいて捉えることが必須となってきているのだ。

ロバートソンは、グローバル化が人々に「1つの全体としての世界という意識の増大」をもたらしていると主張するが、彼を含む多くの研究者が論じているのは、「グローバル文化」といった単純な画一性の発展ではない。そうではなく、変化のカギとなるのは、人々の感じ方や考え方、あるいはアイデンティティの基盤を確立するときに参照するコンテクストが、特定の地域や国家から「単一の場所としての世界」に移行してきたことにある。たとえば、グローバル化によって、人々が以前は意識することのなかった、自分たちが容認できないような別の地域や国の人々が行う社会的・文化的差異を発見するケースは増えることになる。ファンダメンタリズムや一部の「破壊的カルト」の発達は、世界の圧縮にともなって、これまで自明であった伝統的な信仰や慣習を意識的に保持する試みとして解釈することもできるだろう。つまり、グローバル化においては、統合と差異化のプロセスが同時進行するのである。

(2) 宗教の脱−埋め込み

それでは、このグローバル化による地（世界のあり方）の変化は、図

（文化資源としての宗教）の性質、および当事者のそれへのアクセスの仕方にどのような影響を与えるのだろうか。トムリンソンによれば、文化は従来、特定の地域と結びつけられ、したがって、意味構築は特定の場所と結びつけて捉えられる傾向にあったという（Tomlinson 1999＝2000:57）。文化を宗教にそのまま置き換えて理解しても問題ないだろう。しかし、近代化、とりわけグローバル化がもたらす「脱－埋め込み（disembedding）」によって、こうした結びつきは不確かなものとなる。ギデンスは、「脱－埋め込み」を「ローカルな相互行為のコンテクストから社会関係を『引き抜き』、時間と空間の無限の広がりのなかでそれらを再構築すること」（Giddens 1990＝1993：35-36）と定義するが、この概念はグローバル化のなかでの宗教性・スピリチュアリティの質的変容を理解する際にカギとなる重要な考え方である。つまり、現代では特定の地域とかならずしも緊密な関係にはない宗教現象が進展しているといえよう。

　トムリンソンはさらに、「グローバル化された文化は雑種文化である」と論じるが、これは宗教についても妥当する。なぜならば、グローバル化がもたらす異文化間の交流の増大によって、宗教と場所との明確な結びつきが失われると、埋め込みを解かれたさまざまな信仰・儀礼・シンボルが混じり合うようになり、やがて新しい複合的な宗教文化を生みだすからだ。こうして、地域的な境界のはっきりしない、雑種性の強い文化資源の道具箱が構成される。そのもっとも顕著な例が、（1章、2章で取り上げた）ニューエイジや「精神世界」などの新しいスピリチュアリティ文化の世界的な広がりであろう。この場合、特定のニューエイジ思想が、過去にすでに存在していたのかどうかはさほど問題でない。むしろ、社会学的に重要なのは、グローバル化による単一の場所としての世界において、脱ローカル化したシンボル、儀礼、世界観が混じり合う状況が生まれたこと、またそこで生みだされる文化資源の道具箱に、一般の人たちが比較的容易にアクセスできるようになったことである。

　もちろん、「脱－埋め込み」によって、人々が地域のなかで生活するのをやめることを意味するものではない。逆に、以前にも増して「1つの全

体としての世界」のなかで、ローカル性を自覚し、保持する試みが増えることもあるだろう。いずれにせよ、現代宗教の理解において、グローバル化がもたらす文化資源の質的変容、およびそれにアクセスする人々のおかれた社会状況の変化は無視できない問題なのだ。トムリンソンが文化研究について述べているつぎの内容は、現代の宗教性・スピリチュアリティ研究における問題意識としても有効である。

　我々の関心の的となるのは、いかにグローバリゼーションが意味構築のコンテクストを変化させるかという問題、つまり、それが人々のアイデンティティや、場所的経験や、場所との関連における自己の経験などにどのような影響を与えるのか、そしてローカルな位置づけを与えられた生活の周辺で発生する共通の理解、価値観、欲望、神話、希望、不安などにどのような影響を与えるかという問題である。
　（Tomlinson 1999＝2000：44-45）

トムリンソンは、このようなきわめて重要な問題提起をしているが、グローバル化と文化を関連させた実証研究を行っているわけではない。また、おそらくこれまでのところ、グローバル化と当事者性を絡めた宗教研究もほとんど行われていないのが現状だろう。現代社会の宗教性・スピリチュアリティを的確に把握するためには、その土台である近代化やグローバル化の影響と関連させながら、宗教現象を理解していく必要があるといえよう。

5　現代社会の宗教性・スピリチュアリティ研究にむけて

　本章で論じてきた課題をここでまとめてみたい。まず、現代宗教研究の分野は、一方で宗教にかかわる道具箱の中身の導入・改訂・刷新を究明するマクロ・レベル、他方で当事者の能動的な文化資源への接近を扱うミクロ・レベルの研究に二分できる。前者に関しては、道具箱の中身そのものの変容に焦点をおく研究、すなわち、どのような特定の歴史的変化が、宗教形態のあるものの活力を失わせ、別のものを生みだすことになるのか、また特定の歴史的文脈で作られた文化装置が、新たな状況でどのように再

配分され、改訂されていくのかを理解することが重要な課題となるだろう。

　後者に対する課題は、当事者の主体性を重視しながら、担い手たちがどのように文化資源の道具箱のなかから世界観、儀礼、シンボル、物語を選びとり、あるいはそれらに影響され拘束されながら、自らの行為を形成し、秩序立て、アイデンティティを安定させているのかを探ることである。また、文化資源を取捨選択する際の担い手たちの感情的な揺れにも焦点をおき、嘆き、苦悩し、傷つき、右往左往し、大笑いし、感嘆し、試行錯誤を繰り返す当事者たちの生活世界を記述していくことにある。

　現代的な宗教性・スピリチュアリティを究明するためには、こうした課題を念頭におきつつ、さまざまな社会領域に広がる文化資源に焦点を当てていくことが必要となる (注5)。調査対象となりうる状況は、制度宗教やその周辺はもちろんのこと、ベックフォードと島薗が新しいスピリチュアリティの広がりとして指摘した領域、すなわち、医療、介護・福祉、セラピー、教育、エコロジーなどが重要なフィールドになりうるだろう。たとえば、医療現場における死をめぐる問題は、現代社会に特徴的な生きる意味を究明する1つの指針を与えてくれる可能性がある。死をめぐる問題は、宗教の存在理由ともいうべき領域であり、これまでにも多くの研究者がこのテーマにアプローチをしてきた。しかし、現代特有の現象も生まれつつある。現代社会において、難病、奇病はかなり減り、どちらかといえば死の宣告を受けた人々の末期医療が大きなテーマとなっている。この場合、死をどのように迎えるのかという問題は、当事者のみでなくその家族にとっても、死や老いや生きる意味を考える契機となる。死や老いにかかわる医療や福祉などの領域を対象とし、人々の生きる意味の基盤を探ることは、現代的な宗教性を探るうえで重要な課題になるだろう (注6)。

　ベックフォードらが指摘する医療やセラピーやエコロジー以外の領域でも、いくつかの社会状況が現代の宗教性・スピリチュアリティを理解するためのフィールドになりうる。たとえば日本においては、芸術や武道などの「道」を実証研究の対象にすることはきわめて重要な課題の1つとなる。ジョセフ・キタガワ (Kitagawa 1967) は、レリジョン (religion) が日本

語の「道」に近い概念であると示唆している。確かに、明治維新以前には仏教は仏道として、また儒教は儒の道として知られていたし、現在でも神の道が神道である。また、茶道、華道、書道、武士道、柔道、剣道といった道のつく言葉には、何らかの広い意味でのスピリチュアリティがこめられているといっても過言ではない。何かを極めようと志し、その取り組みを通じて自らの精神性や人間性の完成をめざすという修養の態度が、この道という言葉には含まれているのだ。それでは、高い精神性をめざすこうした態度は、現代の日本社会にどの程度根づいているのか、あるいはどのような変化を遂げているのだろうか。道にかかわる当事者の経験を具体的に調査することも今後のテーマとなるだろう (注7)。

もちろん、現代社会の宗教性・スピリチュアリティを究明するために、従来の制度宗教や新宗教、あるいはその周辺領域の調査も不可欠である。たとえば、日本の新宗教の海外での受容状況や、外来の宗教の日本での展開過程といったこれまで行われてきた研究も、当事者性と文化資源に着目すれば今後とも重要なテーマになりうる。葛西は、アメリカで発生した断酒自助会である、AAで重視されている「スピリチュアリティ」概念が、日本においてどのような文脈で理解されるのかを調査している (Kasai 2000)。アメリカでは通常、スピリチュアリティは信仰対象としての「ハイヤー・パワー」や自己変容の過程である「回復」という文脈で語られる特徴をもつ。しかし日本では、ハイヤー・パワーの背景にあるキリスト教的な神観念がないため、日本人がスピリチュアリティに言及するのは回復の文脈にかぎられると論じる。

また樫尾 (1999) は、フランスの崇教真光の事例研究において、人々が新たな信仰を獲得する際に、どのように自己の社会的、文化的背景を基盤としながら異質な対象と交渉し、自己のものにしていくのかを明らかにした。真光の信仰・実践の核には、「真光の業」という手かざしによる浄化儀礼と、「想念転換」という心なおしがあり、前者はキリスト教の光のメタファーを通じて獲得される。しかし、後者に関しては「心を入れ替える」という観念がフランス人にないため、「考え方を変える」以上の意味で理

解されることが困難だと指摘する。こうした研究は、まさに、当事者性と文化資源に着目した実証研究といえるだろう。複数の宗教文化が交錯するグローバルな世界においては、異質な宗教性と自文化が接触する状況を理解することは重要な課題である。その試みは、自らの生活世界に深く根ざす意味の基盤を逆照射する契機ともなり、日本の宗教性・スピリチュアリティの全般的な特質を浮かび上がらせる可能性すらあるといえよう。

　以上、現代社会の宗教性・スピリチュアリティ研究の対象となりうるいくつかの点を指摘してきた。人々が死をめぐる問題に直面したり、生き方にかかわる道を極めようとしたり、馴染みのない異質な思想を自己のものとする際に、日頃あまり意識しないような当事者の内面に隠された宗教的世界がはっきりと立ち現れてくる可能性がある。あるいは、その状況を何とか理解可能なものにしようと試行錯誤を繰り返し、自分にとってもっともふさわしい文化資源を獲得しようとする様子が見えてくると思われる。こうした状況において、人々が意味の基盤にかかわるどのような文化資源にアクセスし、交渉しながら、自らの生き方、考え方、感じ方を構築していくのかを調査することが、現代の宗教性・スピリチュアリティを解き明かす1つの手がかりとなるだろう。

注（1）この基本枠組みは、アメリカの数学者ノーバート・ウィーナーの制御と通信に関するサイバネティックス理論を人間社会に応用した後期パーソンズ理論に基づいている（Parsons 1977）。
（2）政治やスポーツの宗教性を扱った研究のレビュー、またその妥当性に関する議論は Greil（1993:158-160）、Hervieu-Lèger（2000：101-119）を参照されたい。
（3）櫻井（近刊）は、統一教会の経済的次元に焦点をおき、この教団の資金調達の歴史的変遷を詳しく分析している。
（4）筆者（Ito 1998）は、宗教文化に基礎づけられた個人の選択性を超えたものとして、日本における非個人主義的価値観の広がりを論じたことがある。
（5）インタビューを用いた現代の宗教性・スピリチュアリティを理解する試みとして、Bellah（1985＝1991）、Roof（1993, 1999）、Wuthnow（1998）が挙げられる。大谷・川又・菊池編（2000）では、多様な事例を取り上げつつ、各フィールドにおける当事者たちの信念の構築プロセスに着目して

いる。また、樫尾編（2002）では、宗教制度の枠組みから溢れだして広がるスピリチュアリティの現場として、見世物小屋やサッカーやマンガなどを対象にしている。
(6) たとえば、ベッカー編（2000）を参照されたい。
(7) 島薗（2000b）は「現代人の生き方調査」において、特定の宗教を熱心に実践しているわけではないが、亡くなった近親者と日々向き合い、語りかけ、現在の自分を支えてくれていると実感している人たちや、陶芸や茶道や武道を実践している人たちにインタビューしている。

あ と が き

　本書のタイトルに含まれる「現代社会」「スピリチュアリティ」「現代人」「宗教意識」は、私がこれまで宗教研究をする際のキーワードになっていたものである。今回、本書を執筆するために過去に書いた論文を読み返してみると、私の特別な関心が自分も生きている同時代にあり、しかも宗教に傾倒したり、スピリチュアリティを探求したりする当事者にあることを改めて実感した。

　ロフランドは、「社会学や他の社会科学における優れた仕事の多くは（中略）それを創りだした人間の現在と過去ないしはそのいずれかの状況に基づいている」と指摘している（Lofland and Lofland 1995=1997:13）。研究水準は別として、社会学の多くの研究は、調査者自身の過去の状況や個人史にかかわる出来事（たとえば、エスニシティ、過去のアイデンティティや経験、あるいは性別など）からスタートしているケースが少なくない。たとえば、社会学者で尼僧でもあったエバーグは、自らのアイデンティティを活かしてカトリック修道女の脱会プロセスを研究するが、調査の途中で、本人も尼僧をやめるという経験をしている。エバーグは自分自身の経験から「離脱のプロセスについての多大な洞察を得たことは明白である。事実、おそらくほかのやり方では学びようのない意味のニュアンスや深みがいくつもあった」（Ebaugh 1988: xvi）と語っている。

　私の場合には、10代後半から20歳の頃に、多くの若者と同様に、人生の意味や生き方について模索していた経験があり、それが現在の研究関心に結びついているのだと思う。当時は、うまく言葉にならない漠然とした不満を抱え、とにかく「自分を変えたい」と強く思っていた。そのヒントを求めて、哲学、宗教、心理学、そして「精神世界」の本をいろいろと読んだ。中国の老子、荘子のタオイズム、インドの聖者であるクリシュナムルティとラマナ・マハリシには特別惹かれたのをおぼえている。本書で取り上げたラジニーシの講話録に出会ったのも、高校生の頃である。本による

知識ばかりでなく、身体レベルで変わらねばと思い、ORMにコミットした経験もある。19歳から21歳頃まで、ラジニーシ流の瞑想をし、そこで実施されるグループ・セラピーも数多く受けた。当時ラジニーシがいたオレゴンのコミューンにも訪れている。また、ほかの「精神世界」やニューエイジの諸活動にも積極的に参加し、日本のニューエイジャーの聖地である奈良県の天河神社へ行ったり、クリシュナムルティのビデオ上映会に参加したり、また、マクロビオティック（陰陽の宇宙原理に基づく食事法）を実践して、2年間くらいベジタリアンをしていたこともある。

　大学入学以降になると、「精神世界」への実践的なかかわりは次第に薄れ、ORMとの直接的な結びつきもなくなった。そして今度は、どちらかといえば、自分の瞑想やセラピー体験を後づけるような人間性心理学や社会学の一部に関心が向かうようになる。中沢新一の『チベットのモーツァルト』（せりか書房）、真木悠介の『気流の鳴る音』（筑摩書房）、ピーター・バーガーの『日常世界の構成』（新曜社）などは社会学に魅了されるきっかけとなった本だ。アメリカの大学院では、宗教社会学を専攻して、「人間の価値観の形成と変容」というテーマに関心をもつが、当初は社会学理論の研究をしており、特定の事例を扱っていたわけではない。

　現代宗教を研究するようになるのは、30歳近くになってからである。そのきっかけの1つは、『現代救済宗教論』（島薗進著、青弓社）に「精神世界」が取り上げられ、実にみごとな形で概念整理されているのを知って衝撃を受けたことだ。「精神世界」が学問対象になりうることが分かり、自分の過去の経験をふり返ることを出発点として、現代宗教の研究に取り組みはじめたのである。このように、紆余曲折はあったが、そもそも私個人の切実な体験がなければ、本書で試みた入信プロセスの究明や、自分もかかわったことのあるORMの事例研究に着手することはなかっただろう。エバーグと同様に、私の研究においても、個人史にかかわる出来事がインフォーマントたちの意味世界のニュアンスと深みを把握するのに役立っているのだと思う。

　本書に収めた論文は、私が1997年以降に発表した論考がその基礎となっ

ている。将来こうした論文集を出版することはおおよそ念頭においていたし、各論文を執筆する段階で大体の章構成は考えたつもりでいた。しかし、いざ刊行となると、本書全体の統一をはかるために各論考にかなりの手直しが必要だった。これまで書いた論文に大幅な加筆、修正をおこなった結果、なかには原型をとどめない章もあるが、もとになった稿の初出を示せばつぎのとおりである。

1章 「精神世界とニューエイジ——概念的整理を中心として」『宗教と社会』(「宗教と社会」学会)別冊97、22-29ページ、1998年、"New Spirituality in Contemporary Societies: A Comparative View on Japanese Spiritual World." In H. Zinser and I. Prohl (eds.), *Zen, Reiki Karate-Japanische Religiosität in Deutschland.* Hamburg, Germany: LIT Verlag. 2002年

2章 「現代イギリスの宗教性の展開——キリスト教から疑似宗教まで」『精神科学』(日本大学哲学研究室) 39号、109-130ページ、2001年

3章 「入信の社会学——その現状と課題」『社会学評論』(日本社会学会) 48巻2号、158-176ページ、1997年

4章 「ニューエイジの実践に関する歴史的考察——和尚ラジニーシ・ムーブメントの制度化と脱制度化」『宗教研究』(日本宗教学会) 73巻3号、101-125ページ、1999年

5章 書き下ろし

6章 「イニシエーションまでの過程」『ソシオロゴス』(東京大学社会学研究室) 21号、59-78ページ、1997年

7章 「ネット恋愛のスピリチュアリティ——オンライン上の〈特別な存在〉との交感をめぐって」樫尾直樹編『スピリチュアリティを生きる』せりか書房、28-45ページ、2002年

8章 「宗教・宗教性・霊性——文化資源と当事者性に着目して」『現代宗教2001』東京堂出版、49-65ページ、2001年
「宗教・宗教性・霊性研究の地平——いまなぜ『当事者性』なのか?」『宗教と社会』8号、220-25ページ、2002年

本書を刊行するまでには、本当に多くの人々のお世話になった。まず、立命館大学時代に、パーソンズ、シュッツ、バーガーをはじめとする社会学理論の魅力を教えていただいた佐藤嘉一(よしかず)先生、ピッツバーグ大学での交換留学生時代に個人指導いただき、宗教社会学の道に誘(いざな)っていただいたローランド・ロバートソン教授に感謝したい。お二人の導きがなければ、大学院に進学することも、現在のように研究者として生活していることもなかっただろう。また、大学院時代に博士論文の指導をしていただいたハロルド・バーシェディー、サミュエル・クラウスナー、ウイリー・デクレマーの3教授にも厚く感謝したい。本書に収めた大半の章は、98年にペンシルバニア大学に提出した博士論文がベースとなっている。3教授の忍耐強いサポートがなければ、博士論文を完成させることなどできなかったと思う。そして日本学術振興会特別研究員の3年間、およびそれ以降も現在まで変わらずご指導いただいている東京大学の島薗進先生にお礼申し上げたい。島薗先生の「新霊性運動＝文化」概念に出会わず、またラジニーシの事例研究への暖かい励ましを受けなければ、私の研究調査と論文作成は今日ほど充実したやりがいのあるものにはなっていなかっただろう。

　各章の論文は、指導教官のみでなく、同年代の多くの研究者の方々からの容赦ない批判や有益なアドバイスをいただいてはじめて完成に至ったものである。特に、NRCS（New Religious Consciousness and Spirituality）研究会メンバーの樫尾直樹、弓山達也、葛西賢太、芳賀学、小池靖、前川理子、大谷栄一、菊池裕生の各氏には各章の土台になった論文のほとんどに目を通し、貴重なコメントの数々をいただいている。クリアできていない問題点も多々あると思うが、本書に収めた論文の少なくない問題点が解消できているとすれば、それは彼らのおかげである。心から感謝したい。

　調査にご理解とご協力をいただいた多くのサニヤシンのみなさん、特に仙台のバベッシュには大変お世話になった。また、忙しいなかを長時間のインタビューにつきあっていただいた人たちにはお礼の言葉もない。ここに感謝の意を表したい。

　なお、本書は愛知学院大学文学会の教育出版助成を受けて出版の運びと

あとがき

　なった。ここに文学会の委員の方々をはじめとする文学部の先生方々にこうした機会を与えていただいたことを厚くお礼申し上げる。

　私がこれまで取り上げてきたテーマは、自分自身も深くかかわったり、大変強い関心をもったりした現象のみだったように思う。そのため、現代社会の宗教性・スピリチュアリティの探究において、残された重要課題も少なくないことだろう。だが、もし自分自身にとっての切実な問題を探究し、それが現代社会の宗教理解に少しでも役立っているとすれば、喜びこれに優るものなしである。本書がこの点で何らかの貢献をできたかどうか、読者諸氏からのご批判、ご助言をいただき今後の糧にできれば幸いである。

2003年3月

　　　　　　　　　　　　　　　　　　　　　　　　　伊　藤　雅　之

文献リスト

[A]

Austin, Roy. 1977. "Empirical Adequacy of Lofland's Conversion Model." *Review of Religious Research*, 18 (3): 282-87.

[B]

Barker, Eileen. 1984. *The Making of a Moonie: Choice or Brainwashing*. Oxford, UK: Basil Blackwell.

Beckford, James. 1978. "Accounting for Conversion." *British Journal of Sociology*, 29 (2): 249-62.

Beckford, James. 1984. "Holistic Imagery and Ethics in New Religious and Healing Movements." *Social Compass*, 31(2-3): 259-72.

Beckford, James. 1985. "The World Images of New Religious and Healing Movements." Pp.72-93 in K. Jones (ed.), *Sickness and Sectarianism: Exploratory Studies in Medical and Religious Sectarianism*. Vermont: Gower Publishing.

Beckford, James. 1992. "Religion, Modernity and Post-Modernity." In Bryan Wilson (ed.), *Religion: Contemporary Issues*. London: Bellew.

Bellah, Robert. 1957. *Tokugawa Religion*. Glencoe, Ill: Free Press. ＝1996 池田昭訳『徳川時代の宗教』岩波書店

Bellah, Robert. 1965. "Epilogue: Religion and Progress in Modern Asia." Pp.168-229 *in Religion and Progress in Modern Asia*. New York: Free Press. ＝1973 河合秀和訳「近代アジアにおける宗教と進歩」『社会変革と宗教倫理』未来社

Bellah, Robert. 1967. "Civil Religion in America." *Daedalus*, 96(1): 1-21. ＝1973 河合秀和訳「アメリカの市民宗教」『社会変革と宗教倫理』未来社

Bellah, Robert. 1976. "The New Religious Consciousness and the Crisis of Modernity." Pp. 333-52 in Charles Glock and Robert Bellah (eds.), *The New Religious Consciousness*. Berkeley, CA: University of California Press.

Bellah, Robert, Richard Madsen, William Sullivan, Ann Swidler, and Steven Tipton. 1985. *Habits of the Heart: Individualism and Commitment in*

American Life.   Berkeley, CA: University of California Press.   ＝1991　島薗進・中村圭志訳『心の習慣――アメリカ個人主義のゆくえ』みすず書房
- Berger, Peter.   1967.   *The Sacred Canopy: Elements of a Sociological Theory of Religion*.   New York: Doubleday.   ＝1979　薗田稔訳『聖なる天蓋』新曜社
- Bruce, Steve.   1995.   "The Truth About Religion in Britain."   *Journal for the Scientific Study of Religion*, 34(4): 417-30.
- Bruce, Steve.   1996a.   *Religion in the Modern World: From Cathedrals to Cults*.   Oxford, UK: Oxford University Press.
- Bruce, Steve.   1996b.   "Religion in Britain at the Close of the 20th Century: A Challenge to the Silver Lining Perspective."   *Journal of Contemporary Religion*, 11(3): 261-75.
- ブッククラブ回編　1992　『新しい自分を探す本　精神世界入門ブックガイド500』フットワーク出版
- ベッカー、カール編　2000　『生と死のケアを考える』法蔵館

[C]
- Carter, Lewis.   1990.   *Charisma and Control in Rajneeshpuram: The Role of Shared Values in the Creation of a Community*.   Cambridge, UK: Cambridge University Press.
- Courtis, Mary.   1991.   "Self Transformation and Gendered Experience Among Rajneesh Sannyasins and Ananda Margiis."   Doctoral dissertation, University of Oregon.

[D]
- Davie, Grace.   1994.   *Religion in Britain Since 1945: Believing Without Belonging*.   Oxford, UK: Blackwell.
- Downton, James.   1980.   "An Evolutionary Theory of Spiritual Conversion and Commitment: The Case of Divine Light Mission."   *Journal for the Scientific Study of Religion*, 19(4): 381-96.
- Dumont, Louis.   1986.   *Essays on Individuals: Modern Ideology in Anthropological Perspective*.   Chicago: University of Chicago Press.   ＝1993　渡辺公三・浅野房一訳『個人主義論考――近代イデオロギーについての人類学的展望』言叢社

Durkheim, Emile. 1898. "L'Individualisme et les intellectuels." ＝1983　小関藤一郎訳「個人主義と知識人」『デュルケーム宗教社会学論集』行路社

[E]

Ebaugh, Helen Rose. 1988. *Becoming an EX: The Process of Role Exit.* Chicago: University of Chicago Press.

[F]

Festinger, Leon, Henry Riecken and Stanley Schachter. 1956. *When Prophecy Fails.* Minneapolis: University of Minnesota Press. ＝1995　水野博介訳『予言がはずれるとき』勁草書房

FitzGerald, Frances. 1986. *Cities on a Hill: A Journey Through Contemporary American Cultures.* New York: Simon and Schuster.

[G]

Giddens, Anthony. 1990. *The Consequences of Modernity.* ＝1993　松尾精文・小幡正敏訳『近代とはいかなる時代か？』而立書房

Gill, Robin, Kirk Hadaway and Penny Long Marler. 1998. "Is Religious Belief Declining in Britain?" *Journal for the Scientific Study of Religion,* 37(3): 507-16.

Glock, Charles and Rodney Stark. 1965. *Religion and Society in Tension.* Chicago: Rand Mcnally.

Gordon, James. 1987. *The Golden Guru: The Strange Journey of Bhagwan Shree Rajneesh.* New York: Stephen Greene Press.

Greil, Arthur L. and David R. Rudy. 1984. "What Have We Learned From Process Models of Conversion?: An Examination of Ten Studies." *Sociological Focus,* 17 (4): 306-23.

Greil, Arthur. 1993. "Explorations Along the Sacred Frontier: Notes on Para-Religions, Quasi-Religions, and Other Boundary Phenomena." Pp. 157-72 in D. Bromley and J. Hadden (eds.), *The Handbook of Cults and Sects in America (Volume 3A).* Greenwich, CT: JAI Press.

Gwinnell, Esther. 1998. *Online Seductions: Falling in Love with Strangers on the Internet.* ＝2000　宮家あゆみ訳『インターネットの恋――危ない誘惑・新しい世界』インプレス

[H]

Hamilton, Malcolm. 2000. "Eating Ethically: 'Spiritual' and 'Quasi-

religious' Aspects of Vegetarianism." *Journal of Contemporary Religion*, 15(1): 65-83.
Heelas, Paul. 1992. "The Sacralization of the Self and New Age Capitalism." Pp. 139-66 in Nicholas Abercrombie, and Alan Warde (eds.), *Social Change in Contemporary Britain*. Cambridge, UK: Polity Press.
Heelas, Paul. 1996. *The New Age Movement: The Celebration of the Self and the Sacralization of Modernity*. Oxford, UK: Blackwell.
Hervieu-Lèger, Daniele. 2000. *Religion as a Chain of Memory* (translated by Simon Lee). New Brunswick, NJ: Rutgers University Press.
芳賀学・弓山達也　1994『祈る　ふれあう　感じる──自分探しのオデッセー』IPC
林恵理子　2002「現代日本人の結婚観・恋愛観──ネット恋愛における親密性の形成をめぐって」大阪大学大学院言語文化研究科修士論文

[I]

Iannaccone, Lawrence. 1991. "The Consequences of Religious Market Structure." *Rationality and Society,* 3: 156-77.
Ito, Masayuki. 1998. "The Status of the Individual in Japanese Religions: Implications for Japan's Collectivistic Social Values." *Social Compass*, 45(4): 619-33.
Ito, Masayuki. 2002. "New Spirituality in Contemporary Societies: A Comparative View on Japanese Spiritual World." In H. Zinser and I. Prohl (eds.), *Zen, Reiki Karate - Japanische Religiosität in Deutschland*. Hamburg, Germany: LIT Verlag.
井門富二夫　1974　『神殺しの時代』日本経済新聞社
伊藤雅之　2004「グローバル文化とエスニシティの＜あいだ＞──和尚ラジニーシ・ムーブメントの事例」伊藤雅之・樫尾直樹・弓山達也編『スピリチュアリティの社会学』世界思想社
井上俊　1973　「『恋愛結婚』の誕生──知識社会学的考察」『死にがいの喪失』筑摩書房
井上順孝　1992　『新宗教の解読』筑摩書房
井上順孝・島薗進　1985「回心論再考」上田閑照・柳川啓一編『宗教学のすすめ』筑摩書房
井上善友　1999　「出会いのメディアとしてのコンピューター・ネットワー

ク——インターネットを中心に」『成城コミュニケーション学研究』創刊号

[J]
Jacobs, Janet. 1987. "Deconversion From Religious Movements: An Analysis of Charismatic Bonding and Spiritual Commitment." *Journal for the Scientific Study of Religion,* 26(3): 294-308.
Johnson, Benton. 1992. "On Founders and Followers: Some Factors in Development of New Religious Movements." *Sociological Analysis,* 53(S): 1-13.
Joshi, Vasant. 1982. *The Awakened One: The Life and Work of Bhagwan Shree Rajneesh.* New York: Harper & Row. ＝1984 スワミ・プレム・プラブッダ訳『反逆のブッダ——バグワン・シュリ・ラジニーシの軌跡』めるくまーる社

[K]
Kasai, Kenta. 2000. "Localizing Spiritualities in Japan: Transformations of the Idea of 'Higher Power' in Alchoholics Anonymous." Paper presented at the Association for the Sociology of Religion.
Kilbourne, Brock and James Richardson. 1988. "Paradigm Conflict, Types of Conversion, and Conversion Theories." *Sociological Analysis,* 50 (1): 1-21.
Kitagawa, Joseph. 1967. "Japanese Religion: An Overview." In Mircea Eliade (ed.), *The Encyclopedia of Religion (vol. 7).* New York: Macmillan.
Kox, Willem, Wim Meeus, and Harm't Hart. 1991. "Religious Conversion of Adolescents: Testing the Lofland and Stark Model of Religious Conversion." *Sociological Analysis,* 52(3): 227-40.
樫尾直樹 1999 「宗教的接続可能性の基礎概念——新宗教の『民俗性』に関する宗教民俗学的一考察」『民俗宗教の地平』春秋社
樫尾直樹編 2002 『スピリチュアリティを生きる』せりか書房
樫村愛子・福田はるみ 1999 「インタビュー調査から見た精神世界と社会の関係について」『宗教と社会』別冊98、「宗教と社会」学会
加藤晴明編 2000 「メディア・フレンド—— "愛"と"失望"のネット恋愛」『メディア文化研究報告書』5号、中京大学社会学部加藤晴明研究室
加藤晴明 2001 『メディア文化の社会学』福村出版
菊池裕生 1997 「宗教と『語り』」『宗教と社会』別冊96、「宗教と社会」学会

草柳千早　1999　「ネットワーク社会で『恋愛』はどうなる」『アエラムック3 恋愛学がわかる。』朝日新聞社

小池靖　1998　「ポジティブ・シンキングからニューエイジまで——ネットワーク・ダイレクトセリングと自己啓発セミナーの宗教社会学」『宗教と社会』4号、「宗教と社会」学会

小池靖　1999　「カルト・個人主義・現代の呪術」庄司興吉編著『共生社会の文化戦略』梓出版

小林正幸　2001　『なぜ、メールは人を感情的にするのか』ダイヤモンド社

[L]

Latkin, Carl. 1992. "Seeing Red: A Social-Psychological Analysis of the Rajneeshpuram Conflict." *Sociological Analysis,* 53(3): 257-71.

Latkin, Carl, Norman Sundberg, Richard Littman, Melissa Katsikis, and Richard Hagan. 1994. "Feeling After the Fall: Former Rajneeshpuram Commune Members' Perceptions of and Affiliation with the Rajneeshee Movement." *Sociology of Religion,* 55(1): 65-73.

Lofland, John. 1977. "Becoming a World-Saver Revisited." *American Behavioral Scientist,* 20 (6): 805-18.

Lofland, John and Norman Skonovd. 1981. "Conversion Motifs." *Journal for the Scientific Study of Religion,* 20 (4): 373-85.

Lofland, John and Lyn Lofland. 1995. *Analyzing Social Settings: A Guide to Qualitative Observation and Analysis.* Belmont, CA: Wadsworth. ＝1997　進藤雄三・宝月誠訳『社会状況の分析——質的観察と分析の方法』恒星社厚生閣

Lofland, John and Rodney Stark. 1965. "Becoming a World-Saver: A Theory of Conversion to a Deviant Perspective." *American Sociological Review,* 30: 862-75.

Luckmann, Thomas. 1967. *Invisible Religion.* New York: Macmillan. ＝1976　赤池憲昭・ヤン・スィンゲドー訳『見えない宗教——現代宗教社会学入門』ヨルダン社

[M]

Machalek, Richard and David Snow. 1993. "Conversion to New Religious Movements." Pp.53-74 in D. Bromley and J. Hadden (eds.), *The Handbook of Cults and Sects in America (Volume 3B).* Greenwich, CT:

Association for the Sociology of Religion and JAI Press.
McGuire, Meredith. 1997. *Religion: the Social Context* (4th edition). Belmont, CA: Wadsworth.
Melton, Gordon. 1985. "Spiritualization and Reaffirmation: What Really Happens When Prophecy Fails," *American Studies,* 26(2): 17-29.
Mullins, Mark. 1992. "Japan's New Age and Neo-New Religions: Sociological Interpretations." Pp.232-46 in L. James and G. Melton (eds.), *Perspectives on the New Age.* New York: State University of New York.
前川理子　1998　「『ニューエイジ』類似運動の出現をめぐって」『宗教と社会』4号、「宗教と社会」学会
前川理子　2000　「イデオロギーと主体化の宗教研究――『事件』後オウム真理教を事例として」『文明21』4号、愛知大学国際コミュニケーション学会
三宅マリ　1998　『インターネット・ラブ』サンマーク出版
牟田和恵　1998　「愛と性をめぐる文化」井上俊編『新版 現代文化を学ぶ人のために』世界思想社
元山茂樹・宝島編集部編　1993　『ニュー・エイジの600冊』宝島社

[N]

NHK世論調査部編　1991a　『現代日本人の意識構造』日本放送協会
NHK世論調査部編　1991b　『現代中学生・高校生の生活と意識』明治図書

[O]

大谷栄一・川又俊則・菊池裕生編　2000『構築される信念――宗教社会学のアクチュアリティを求めて』ハーベスト社
大谷栄一　2002　「つながりに気づき、つながりを築く――ガイアネットワーク新宿の試み」樫尾直樹編『スピリチュアリティを生きる』せりか書房
大平健　2000　『純愛時代』岩波新書

[P]

Parsons, Talcott. 1963. "Christianity and Modern Industrial Society." In E. Tiryakian (ed.), *Sociological Theory, Values, and Sociological Change.* New York: Free Press.
Parsons, Talcott. 1977. *Social Systems and the Evolution of Action Theory.* New York: Free Press.

[R]

Rajneesh, Bhagwan Shree. 1975. *Tantra: The Supreme Understanding.*

Poona, India: Rajneesh Foundation. ＝1977 スワミ・プレム・プラブッダ訳『存在の詩』めるくまーる社

Rajneesh, Bhagwan Shree. 1983. *Tao: The Three Treasures (Volume One).* Oregon: Rajneesh Foundation International. ＝1995 スワミ・プレム・プラブッダ訳『ＴＡＯ 老子の道（上）』めるくまーる社

Rajneesh, Bhagwan Shree. 1984. *The Book: An Introduction to the Teachings of Bhagwan Shree Rajneesh (Series III).* Oregon: Rajneesh Foundation International.

Rambo, Lewis R. 1993. *Understanding Religious Conversion.* New Haven: Yale University Press.

Richardson, James T. 1985. "The Active vs. Passive Convert: Paradigm Conflict in Conversion/Recruitment Research." *Journal for the Scientific Study of Religion,* 24 (2): 163-79.

Robbins, Thomas. 1988. *Cults, Converts, and Charisma.* Beverly Hills, CA: Sage.

Robbins, Thomas, Dick Anthony and James Richardson. 1978. "Theory and Research on Today's 'New Religions.'" *Sociological Analysis,* 39: 95-122.

Robertson, Roland. 1992. *Globalization: Social Theory and Global Culture.* London: Sage. ＝1997 阿部美哉訳『グローバリゼーション』東京大学出版会

Roof, Wade Clark. 1993. *A Generation of Seekers: The Spiritual Journeys of the Baby Boom Generation.* New York: Harper Collins.

Roof, Wade Clark. 1999. *Spiritual Marketplace: Baby Boomers and the Remaking of American Religion.* Princeton, NJ: Princeton University Press.

Rose, Stuart. 1998. "An Examination of the New Age Movement: Who is Involved and What Constitutes Its Spirituality." *Journal of Contemporary Religion,* 13(1): 5-22.

[S]

Sherkat, Darren and Christopher Ellison. 1999. "Recent Developments and Current Controversies in the Sociology of Religion." *Annual Review of Sociology,* 25: 363-94.

Snow, David and Cynthia Phillips. 1980. "The Lofland-Stark Conversion Model: A Critical Reassessment." *Social Problems,* 27: 430-47.

Staples, Clifford, and Armand Mauss. 1987. "Conversion or Commitment? A Reassessment of the Snow and Machalek Approach to the Study of Conversion." *Journal for the Scientific Study of Religion,* 26 (2): 133-47.

Stark, Rodney and William Bainbridge. 1985. *The Future of Religion.* Berkeley, CA: University of California Press.

Stark, Rodney and Lawrence Iannaccone. 1994. "A Supply-Side Reinterpretation of the 'Secularization' of Europe." *Journal for the Scientific Study of Religion,* 33(3): 230-52.

Stone, Donald. 1976. "The Human Potential Movement." Pp. 93-115 in C. Glock and R. Bellah (eds.), *The New Religious Consciousness.* Berkeley, CA: University of California Press.

Straus, Roger. 1979. "Religious Conversion as a Personal and Collective Accomplishment." *Sociological Analysis,* 40 (2): 158-65.

Swidler, Ann. 1986. "Culture in Action: Symbols and Strategies." *American Sociological Review,* 51(April): 273-86.

櫻井義秀　近刊　「教団発展の戦略と『カルト』問題——日本の統一教会を事例に」伊藤雅之・樫尾直樹・弓山達也編『スピリチュアリティの社会学』世界思想社

島薗進　1992　『現代救済宗教論』青弓社

島薗進　1993　「宗教的物語としての体験談——霊友会系教団を例として」島薗進・鶴岡賀雄編『宗教とことば——宗教思想研究の新しい地平』大明堂

島薗進　1996　『精神世界のゆくえ——現代世界と新霊性運動』東京堂出版

島薗進　2000a　「現代宗教と公共空間——日本の状況を中心に」『社会学評論』50巻4号、日本社会学会

島薗進　2000b　「心の世界——生きる力の源泉を求めて」『現代日本人の生き方』調査報告、財団法人上廣倫理財団

杉山幸子　1995　「回心論再考——新宗教の社会心理学的研究に向けて」東北大学日本文化研究所研究報告、31号

[T]

Tomlinson, John. 1999. *Globalization and Culture.* Cambridge, UK: Polity

Press. ＝2000　片岡信訳『グローバリゼーション』青土社

田口ランディ　2002　『田口ランディの人生相談——神様はいますか？』マガジンハウス

[W]

Wallis, Roy. 1985. "The Dynamics of Change in the Human Potential Movement." Pp.129-56 in Rodney Stark (ed.), *Religious Movements: Genesis, Exodus, and Numbers.* New York: Paragon House.

Wallis, Roy. 1986. "Religion as Fun? The Rajneesh Movement." Pp. 191-224 in *Sociological Theory, Religion and Collective Action.* Belfast: Queen's University Press.

Wilson, Bryan. 1982. *Religion in Sociological Perspective.* Oxford, UK: Oxford University Press.

Wright, Stuart. 1991. "Reconceptualizing Cult Coercion and Withdrawal: A Comparative Analysis of Divorce and Apostasy." *Social Forces,* 70(1): 125-45.

Wuthnow, Robert. 1998. *After Heaven: Spirituality in America Since the 1950s.* Berkeley, CA: University of California Press.

渡辺雅子　1990　「入信の動機と過程」井上順孝・孝本貢・対馬路人・中牧弘允・西山茂編　『新宗教辞典』弘文堂

[Y]

山田昌弘　1996　『結婚の社会学——未婚化・晩婚化はつづくのか』丸善ライブラリー

弓山達也　1996　「日本におけるヒーリング・ブームの展開」『宗教研究』70巻1号、日本宗教学会

弓山達也　2002　「すべてにいのちが……——森のイスキアと天命庵」樫尾直樹編『スピリチュアリティを生きる』せりか書房

[Z]

Zinnbauer, Brian, Kenneth Pargament, Brenda Cole, Mark Rye, Eric Butter, Timothy Belavich, Kathleen Hipp, Allie Scott, and Jill Kadar. 1997. "Religion and Spirituality: Unfuzzying the Fuzzy." *Journal for the Scientific Study of Religion,* 36(4): 549-64.

項目索引

ア行

アイデンティティ 53，96，103，125，
　　　161，163，165-166，171
『アウト・オン・ア・リム』 5
新しい宗教意識 16
新しい宗教／ヒーリング運動（NRHMs）
　　　8-10，13，16
新しいスピリチュアリティ
　　　（New Spirituality） iii，32，
　　　35-37，159，164，166
新しいパラダイム（入信研究の） 43-46，
　　　52-53
アロマセラピー 7
暗黙の宗教 154
イギリス国教会 24，32
意識変容 4，10-13，20，63-64，66-67，
　　　77，79，84-85，95-96，106，
　　　112，122-125，160
一元論的宗教運動（monistic movement）
　　　17
『祈る　ふれあう　感じる』 7
医療 7，36-37，155-156，160，166
インターネット 58，130-133，141-144，
　　　147-148
「WITH LOVE」 133，144
宇宙／宇宙意識 ii，9，16-21，65，85，
　　　97，130，145-147，152，156，
　　　172
AA（Alcoholics Anonymous） 155，167
エコロジー 5，36-37，160，166
est（Erhart Seminars Training） 35
エホバの証人 55
老い 166
オウム真理教 87-88，104，105
オカルト 34，97，155

カ行

介護・福祉 160，166
回心（conversion） 41
拡散宗教 154
語り 57
価値観 iv，15，23，36，39，42，54-55，
　　　75，79，84，95，97-98，
　　　106-108，116，118，124-126，
　　　131，138，158-161，165，172
カトリック 17，24，32，171
神 ii，15，18，26，28-31，49，72，
　　　80，99，130，136，141，
　　　145-147，149-150，152，167
カルト 88，158，163
気功 3，7，11，21
疑似宗教（quasi-religion） 131-132，
　　　154-155
キリスト教 i，18，21，23-24，26，
　　　28-34，39，41，46，55，152，
　　　154-155，159，167
『気流の鳴る音』 172
儀礼 10，38，132，154，161，164，
　　　166-167
近代／近代性（modernity） 22-23
近代化 22-23，151-152，159，162，
　　　164-165
クライエント・カルト 81
クリシュナ意識国際協会（ハレー・クリ
　　　シュナ） 9-10，21
グループ・セラピー（セラピー） 5，
　　　8，33，37，67-69，73，75，
　　　82，86，96，102，122-126，
　　　160，166，172
グローバル化 163-165
解脱 46
結婚（式） 21，27，109，131-138，150
『現代救済宗教論』 172

現代宗教　153，156，160-162，165，172
光明　65-66，69-70，72，80，87，93-97
合理化　23
個人主義　15-18，159
　　功利的個人主義　16
　　宗教的個人主義　15，159
　　表現的個人主義　15

サ行

菜食（主義）　36-37
悟り　18，46，70，90，93
死　36-37，160，166，168
死後の世界　28，30
自己啓発セミナー　21，35，153
自己宗教（self religion）　15-16
自己のスピリチュアリティ
　　（Self spirituality）　8，11-12，63
自己変容　14，57，65，87，95，97，101，104，112，122，125，146-147，167
自分探し　7，132
市民宗教（civil religion）　159
宗教（の定義／特徴）　152，154-155
宗教社会学　ⅰ，ⅲ-ⅳ，22-23，40，46-47，87，151-153，158-159，172，174
宗教心理学　41
宗教性（の定義／特徴）　ⅲ，154-155
宗教文化　ⅲ-ⅳ，4，7-8，10，12，16，18-19，36，63，106-107，153，159-160，164，168
修養　167
儒教　ⅰ，19，167
新宗教　ⅰ，ⅱ，4，9-11，14，21，28，39-41，46，56，58，64，87-88，106，110，114，125，155，160，167
新宗教運動　9，16，32，39-40，51，58，87，106-107

神道　167
信念　12，28-29，32，36，59，63，65-66，97-98，152，158-161，168
神秘主義　4，15，17，20
神秘体験　41，58，106，112-113，124
シンボル　156，158-161，164，166
新霊性運動＝文化　8，10-13，20，160，174
崇教真光　167
スピリチュアリティ（の定義／特徴）
　　ⅱ-ⅲ，130，145-147，153-155
スピリチュアリティ／スピリチュアル
　　ⅱ-ⅳ，3-4，8，10，13，15，17，23，32，36-39，64，72，83-84，96-98，113-115，125，129-131，141，144-155，158-169，171，175
スピリチュアル化（spiritualization）
　　98-104
聖性／聖なる（もの）　9，15-16，18-19，23，38，85，132，145，154，156，160
聖俗　147，149，155
精神世界　ⅲ，3-5，8-11，19-20，34，63-64，72，106-107，114-115，160，164，171-172
『精神世界のゆくえ』　7
制度宗教　ⅰ，25-27，30-31，151-155，158-160，166
『聖なる予言』　5
世界観　3，5，7-14，16-17，19，21，36-37，39，50，55，63-64，66-67，70，77，83，121-122，164，166-167
世界救世教　10-11
世俗化／世俗化論　ⅳ，22-31，151，159
セルフヘルプ　153，155
禅　80，85
全体論（holism）　9，11-12，15-16，35-36，64，160

項目索引

洗脳 39-40, 43, 45, 87
創価学会 9-10, 13, 21, 54
組織宗教 i, 11, 35-36, 63-65, 67, 75-76, 83, 100, 154-155, 158-160
『存在の詩』 5, 75, 116, 118

タ行

対抗文化 4, 15, 20, 33, 72-73
代理宗教 154
脱-埋め込み 163-164
脱会／脱回心 59, 87-88, 92, 103, 171
たて割の宗教社会学 151, 156
魂 117, 140-141, 144, 147-148, 159
探求者（seeker） 44, 48-49, 52, 58, 108, 113
地球交響曲／ガイアシンフォニー 5, 7
『チベットのモーツァルト』 172
チャネリング／チャネラー 3, 5
ディバイン・ライト・ミッション 56
天河神社 172
伝統宗教 ii, 4, 14, 17-19, 33, 41, 64, 152, 155
伝統的パラダイム（入信研究の） 43-46, 52
統一教会 9, 48, 53, 59, 88, 168
『徳川時代の宗教』 159, 161
都市化 110, 161

ナ行

『日常世界の構成』 172
入会（recruitment） 11, 40, 48, 59, 88, 106, 108-111, 114, 126
入信（conversion） iv, 39-59, 87, 97, 107-109, 113, 116, 119-122, 125, 172
ニューエイジ iii, 3-5, 7-21, 28, 32-38, 63-64, 67, 69, 72, 79, 81, 83-85, 113, 115, 118, 124, 153, 155, 160, 164, 172
ニューエイジ運動 8-11, 20, 36, 64, 85
ニューエイジ・パースペクティブ 118, 124
ニューエイジャー 8, 11, 20, 33, 63, 172
人間性心理学 21, 85, 172
認知的不協和理論 97, 104

ハ行

ヴァーチャル 135, 144-145, 148
剥奪理論（deprivation theory） 44
（ハル） 133, 139, 144
反ニューエイジ 14, 63-64, 83
ヒーリング 3, 7, 9, 13, 33
非制度的宗教 27, 30
ヒューマン・ポテンシャル運動 9, 17, 20, 32, 67, 72, 85, 155
ファンダメンタリズム 32, 163
フィリ（フェスティバル） 5
風水 7
プーナ（インド） 67, 72-73, 79-80, 83, 89, 92, 101, 114, 119-120, 124
仏教 i, 4, 19, 21, 152, 155, 166
ブッククラブ回 5
プロテスタント 17, 24
文化資源 156, 158-168
文化宗教 155
ペンテコステ（派） 24, 32, 59
ホリスティック（全体論的） 9, 15-18, 21, 36-37, 64, 66, 160-161
本当の自分 84-85, 129-131, 141-142, 146, 148-149

マ行

マインド・コントロール 39-40, 87
マクロビオティック 11, 21, 172
見えない宗教 154
民俗宗教 31, 155

189

瞑想（法） 3, 8, 67, 71, 73, 81-82, 90, 96, 102, 120, 122-125, 172
モダン・パースペクティブ 118
モルモン教 54

ヤ行

「ユー・ガット・メール」 133
ユダヤ教 23, 32
ユダヤ・キリスト教 18, 58
ヨガ 11
『予言がはずれるとき』 97-99
よこ割の宗教社会学 151, 156-160

ラ行

ラジニーシプーラム 76-79, 93

リフレクソロジー 7
臨死体験 3
輪廻転生 3, 5
類似宗教（para-religion） 154
恋愛（至上主義） 129, 131-135, 139, 143, 149-150
「恋愛」教 132
恋愛結婚 131
ロフランド＝スターク・モデル（L-S モデル） 40, 48, 50-58, 108-113, 116, 118-119, 122-125

ワ行

ワークショップ i-ii, 5, 7-8, 17, 19, 33, 63, 88

人名索引

ア行

イアナコーニ，L　25, 27, 31
井門富二夫　155
池田大作　21
伊藤雅之　126
井上俊　150
井上順孝　40-41, 46
井上善友　133
ウィルソン，B　24
ウォリス，R　69
ウスノー (Wuthnow), R　168
エバーグ，H　171-172
エルヴュー＝レジェ，D　156, 158
オースティン (Austin), R　51
大谷栄一　7, 168, 174
大平健　140
岡田茂吉　21

カ行

カーター (Carter), L　78, 90
カーティス (Courtis), M　66
葛西賢太　167, 174
樫尾直樹　167-168, 174
樫村愛子　64
加藤晴明　143-144
川又俊則　168
菊池裕生　57, 168, 174
キタガワ，J　166
ギデンス，A　164
ギル，R　27-28, 30
キルボーン，B　44
グイネル，E　142, 144
草柳千早　131
クリシュナムルティ，J　3, 171-172
グルジェフ，G　3
グレイル，A　54, 154

グロック，C　44
小池靖　7, 67, 174
コックス，W　54, 59
小林正幸　141

サ行

櫻井義秀　168
桜沢如一　11
シーラ，A　76-80, 90-91, 93, 96, 100, 105
ジェイコブズ (Jacobs), J　92
島薗進　7-13, 19, 41, 57, 105-106, 110, 160, 166, 169, 172, 174
シャーカット，D　152
ジンバウアー，B　153-154
スウィドラー，A　161
杉山幸子　40, 52
スターク，R　25-27, 31, 49-50, 122
ステイプルズ，C　57
ストラウス，R　44
スノウ，D　42, 54-55, 57
荘子　171

タ行

ダウントン，J　56, 118-119
田口ランディ　150
龍村仁　5
ダライ・ラマ14世　5
辻仁成　129
デイビー，G　25-27, 31
デュモン，L　18
デュルケーム，E　18
戸田城聖　21
トムリンソン，J　164-165

191

ナ行

中沢新一　172

ハ行

バーカー，E.　88
バーガー，P. L.　23，172
パーソンズ，T　159-160，162
芳賀学　7，20，174
ハミルトン（Hamilton），M　37
林恵理子　150
ヒーラス，P.　8-9，11-15，19-20，34-35
フェスティンガー，L　97-99
福田はるみ　64
船井幸雄　5
プラブパーダ，B　21
ブルース，S　27，30，33-35
ベッカー，C　169
ベックフォード，J　8-16，19，32，35-36，55，57，159-160，166
ベラー，R　15-16，152，155，159，161-162，168

マ行

前川理子　85，105，174
真木悠介（見田宗介）　172
牧口常三郎　21
マキャレック，R　42，49，51-52
マクガイア（McGuire），M　41
マクレーン，S　5
マリンズ，M　4
三宅マリ　133
牟田和恵　150

文鮮明（ムン・ソンミョン）　21
メルトン，G　98-100
森田芳光　133

ヤ行

山田昌弘　150
弓山達也　7，20，174

ラ行

ライト，S　103,
ラジニーシ，O　3，64-67，70，72-73，75-84，87，90-102，105，107，110，112-125，171-172，174
ラッセル，C. T.　55
ラトキン，C　86，105
ラマナ・マハリシ　171
ラム・ダス　4
ランボー，L　54
リチャードソン，J　43-45，52
ルーディー，O　54
ルーフ（Roof），W　168
ルックマン，T　154，156
レッドフィールド，J　5
老子　171
ローズ，S　34
ロバートソン，R　163，174
ロビンス，T　17，51
ロフランド，J　49-53，59，113，116，119，121-122，171

ワ行

渡辺雅子　59

著者略歴

伊藤　雅之（いとう　まさゆき）

愛知学院大学文学部国際文化学科助教授。
1964年、愛知県生まれ。立命館大学産業社会学部卒。ペンシルバニア大学大学院社会学部博士課程修了。Ph.D.(社会学博士)。日本学術振興会特別研究員を経て、2001年より現職。専門は宗教社会学。
おもな著書に『スピリチュアリティを生きる』(共著、せりか書房、2002年)、*Zen, Reiki, Karate* (共著、LIT Verlag、2002年)、『スピリチュアリティの社会学』(共編著、世界思想社、2004年)、訳書に『グローバル化時代の社会学』(ニール・スメルサー著、共訳、晃洋書房、2002年)がある。メールアドレスは、masa-ito@dpc.aichi-gakuin.ac.jp

---

愛知学院大学文学会叢書 1

現代社会とスピリチュアリティ
現代人の宗教意識の社会学的探究

平成15年 3月20日　初版発行
平成21年 4月10日　第 4 刷

著　者　伊　藤　雅　之
発行所　㈱　溪　水　社
　　　　広島市中区小町 1 − 4　(〒730-0041)
　　　　電話(082)246-7909／FAX(082)246-7876
　　　　E-mail: info@keisui.co.jp

ISBN 978-4-87440-737-0 C 3039